Reinhard Körner

Warum ich an das ewige Leben glaube

benno

Bibliografische Information der Deutschen Nationalbibliothek
Die Deutsche Nationalbibliothek verzeichnet diese Publikation
in der Deutschen Nationalbibliografie;
detaillierte bibliografische Daten sind im Internet über
http://dnb.d-nb.de abrufbar.

Besuchen Sie uns im Internet unter:
www-reinhard-koerner.de
www.st-benno.de

ISBN 978-3-7462-3053-5

Stammerstr. 11, 04159 Leipzig
Umschlag: Ulrike Vetter, Leipzig
Umschlagabbildung: Gerhard Wanzenböck/Fotolia.de
Gestaltung: Ulrike Vetter, Leipzig

Gesamtherstellung:Kontext, Lemsel (B)

„Schreib doch mal ein Buch über den Tod", sagten mir eng vertraute Freunde, „und wie man als Mensch von heute an ein ewiges Leben glauben kann!"

„Darüber gibt es Bücher genug", entgegnete ich, „sehr gute Bücher, von katholischen wie evangelischen Theologen, und dazu eine Fülle von Literatur über die Erkenntnisse der modernen Sterbeforschung."

„Aber wie *du* vom Tod denkst, warum *du* an das ewige Leben glaubst, und vor allem: wie du damit *lebst*, dass du einmal sterben wirst – dieses Buch fehlt noch."

„... und wie ich damit lebe, dass *ihr* einmal sterben werdet, mancher von euch lange vor mir vielleicht ..."

„Ja, darüber solltest du schreiben. Es müsste ein Buch sein, das nicht nur theologisch fundiert, sondern zugleich existentiell und persönlich geschrieben ist. So, dass man angeregt wird, sich anhand deiner Gedanken auch selbst mit dem Tod auseinanderzusetzen."

„Ihr meint, ein solches Buch würde Leser finden? Wer wird sich dem Tod denn ehrlich stellen wollen, mitten im Leben ..."

Ihr habt nicht aufgegeben.

Karmel Birkenwerder, Ostern 2008

Reinhard Körner

Sie werden sterben, alle. Die Weggefährten, die Freundinnen und die Freunde, die näher- und die fernerstehenden Verwandten, die vielen Bekannten. Alle. Vor mir oder nach mir. Viele wohl vor mir. Dann wird es wieder da sein, mit jedem Sterben neu, dieses schon vertraute Weh in meiner Seele. Aufflackernd vielleicht nur für Momente. Vielleicht auch erschütternd, tagelang. Oder aus der Tiefe aufsteigend bis zur Kehle ..., auf lange Dauer. „Den eignen Tod, den stirbt man nur", dichtet Mascha Kaléko, „doch mit dem Tod der andern muss man leben."[1] Sie hat so recht.

Der eigene Tod, ja, auch der wird kommen. Nichts ist todsicherer. Aber – stirbt man ihn nur? Auch mit dem eigenen Sterben muss man leben! Spätestens jedenfalls, wenn es sich unmissverständlich angekündigt hat. Und: Dann wird mein Tod das Seelenweh der andern sein. Obwohl ich meinem Sterben, bei aller Angst und Bangigkeit, erwartungsvoll entgegengehe, im Glauben an das ewige Leben bei Gott – ich wünschte doch dem einen und der anderen meiner Lieben:

> Stirb früher als ich, um ein weniges
> früher
>
> Damit nicht du
> den weg zum haus
> allein zurückgehen musst

In einem Gedichtband von Reiner Kunze (geb. 1933) – er ist bekennender Atheist – las ich diese Zeilen; mit BITTGEDANKE, DIR ZU FÜSSEN hat er sie überschrieben.[2] Sie bewegen mich mehr und mehr, und manchmal formen sie sich in mir zu einem Bitt*gebet*.

Nein, nicht immer schon habe ich so empfunden. Lange habe ich überhaupt nicht an den Tod gedacht, nicht ernsthaft jedenfalls. An den eigenen Tod nicht und nicht an den Tod der anderen. War er um mich herum von Kindheit an auch gegenwärtig – in meine Seele ließ ich ihn nicht ein. Sterben geschah außerhalb von mir. In meinem Herzen war die Zukunft; die lag im Diesseits und drängte nach

Gestaltung, nach Verwirklichung meiner Pläne und Ideale. Noch als ich Priester geworden war und in einer großen Stadtpfarrei fast wöchentlich Requien feierte und Beerdigungsansprachen hielt, blieb Gevatter Tod für mich persönlich ein kaum beachteter Fremder. Das Lebensende der anderen, so sagte mir tröstend der christliche Glaube, ist ja ihr Lebensbeginn in Gottes Ewigkeit. Und mein eigenes Lebensende, das war in weiter Ferne ... Auch ins Kloster trat ich, inzwischen dreißig Jahre alt geworden, nicht ein, um mir die Endlichkeit des Daseins vor Augen zu halten; das Leitwort der Karmeliten „beten und beten lehren" zog mich an, nicht das „Memento mori!", das „Gedenke, dass du sterben wirst!" der alten Mönchstraditionen.

Später erst, ich war um die vierzig, erwachte im Innern, was bisher nur außen war. Die gesteckten Ziele schienen erreicht, der Körper sandte erste Vergänglichkeitssignale, und langjährige Weggefährten waren mit mir älter geworden. Da ließ sich aus der Seele die Gewissheit nicht mehr verscheuchen – durch kein noch so engagiertes Leben und durch keinen Glaubenstrost –, dass der Tod eines Tages auch mich holen würde. Und die Menschen, die mir lieb und wichtig sind.

Seit jener „geheimen Stunde des Lebensmittags", in der, so Carl Gustav Jung (1875-1961), in der Seele „die Geburt des Todes" beginnt[3], empfinde ich so.

Im selben Boot

Wir sitzen, wenn es um den Tod geht, im selben Boot. Alle. Ob Christ oder Humanist oder Jude oder Muslim oder Buddhist oder von jedem ein bisschen – alle.

Und seither weiß ich, innen im Herzen, nicht mehr nur oben im Kopf: Wir sitzen, wenn es um den Tod geht, im selben Boot. Alle. Ob religiös, religionslos oder atheistisch orientiert, ob Christ oder Humanist oder Jude oder Muslim oder Buddhist oder von jedem ein bisschen – alle. Mögen unsere Anschauungen vom Meer, das unser Lebensboot trägt, auch sehr verschieden sein – wir teilen die seit Menschengedenken immer gleiche Erfahrung auf unserer Fahrt:

Mitreisende sterben, einer wie der andere, und wir leiden – so sie uns nahestehen – an ihrem Verlust, mal mehr und mal weniger schmerzlich;

die eigene Mitfahrzeit ist begrenzt, ob ich unterwegs daran denke oder nicht, und wann sie endet, steht nicht in meinem Kalender;

manchem von denen, die mich lieb gewonnen haben und die neben mir sitzen im Boot, werde ich zumuten müssen, dass sie eines Morgens ohne mich weiterrudern ...

Und das Danach? Niemand weiß etwas darüber. Niemand im Boot. Wir kennen vom Tod nur die uns, den Lebenden, zugewandte Seite: den Leichnam des Gestorbenen, sein todesstarres Gesicht. Daran ändern auch die Berichte Reanimierter über ihre Nah-Tod-Erfahrungen nichts; sie haben ja, darüber gibt es heute keinen Zweifel mehr, nicht *Nach*-Tod-Erfahrungen gemacht, sondern Erfahrungen im Sterbeprozess, im allerletzten Moment *vor* ihrem Tod.[4]

Wer auch immer was auch immer über das „Jenseits des Todes" sagt: Er spricht von dem, was er sich denkt, was er glaubt, was er erhofft und was er ersehnt, nicht von Gewusstem und nicht von Erfahrenem. Ob einer sagt: „Das Leben des Menschen hat Zukunft über den Tod hinaus", oder ein anderer: „Nach dem Tod ist nichts mehr" – sie sprechen beide ohne Kenntnis und ohne Wissen. Beide sind *Glaubende*. Wie ich. Wie wir alle im Boot.

Und dennoch fragen wir: Was ist danach? Wir müssen so fragen. Das verlangt unsere menschliche Wesensart. Mit der Fähigkeit zur Reflexion, die uns von allen bekannten Lebewesen unterscheidet, denken wir zurück und denken wir voraus; wir können die Gegenwart nicht leben, ohne in die Vergangenheit und ohne in die Zukunft zu schauen. Deshalb wissen wir um unseren Tod. Und weil es eine Kraft in uns gibt, die sich gegen ihn erhebt, wird er uns zur Frage. Setzt er meinem

Leben wirklich ein Ende? Nimmt er mir den geliebten Menschen wirklich für immer, beendet er unsere Beziehung zueinander ein für alle Mal?

Obwohl wir wissen, dass wir die Antwort nicht wissen können – wir brauchen sie! Auch wer auf sie verzichtet und „einfach nur lebt", hat sie sich schon gegeben. Wie immer sie ausfällt, sie entscheidet über die Gegenwart: über die Lebenseinstellung, über die „Grund-Stimmung" der Seele, über die Art unserer Begegnungen und Beziehungen, über die Motive und Ziele unserer Handlungen. Wie ich von dem, was nach dem Tod ist – oder nicht ist –, denke, das macht etwas mit mir. Mit uns. Jetzt.

Stärker als der Tod

„Stark wie der Tod ist die Liebe", heißt es in der Bibel. Manchmal kann die Liebe, die Menschen verbindet, den Tod sogar besiegen.

Lange noch nach meiner „geheimen Stunde des Lebensmittags“ glaubte ich, dass es wohl der Wille zum Leben, der Lebens- und Selbsterhaltungstrieb sei, der in uns rebelliert gegen den Tod. Dass Menschen auch lebenssatt sterben können, in völligem Frieden mit sich und ihrem Geschick, und dass mancher, weil er das Leben satt hat, den Tod sogar sucht, hätte mich freilich schon längst eines Besseren belehrt haben müssen; als Seelsorger war ich dem ja oft genug begegnet. Aber noch ließ die innere Unruhe, die jeder ernsthafte Gedanke an den Tod in mir hervorrief, den Blick auf die tiefere Wirklichkeit nicht zu. Bis ich schließlich selbst Bekanntschaft mit der Todesnähe machte. Als ich, inzwischen fünfzig geworden, in Folge einer postoperativen Komplikation neun lange Wochen kraftlos an Körper und Geist auf der Intensivstation lag und nach Aussage der Ärzte nur noch eine Überlebenschance von 1 zu 100 hatte, begehrte nicht der Lebenswille in mir auf; ich hätte, für mich selbst überraschend, meinem Sterben auch zustimmen können. Es war eine andere Macht, die alle Reste an Kraft in mir mobilisierte, zusammen mit den Ärzten gegen den Tod anzukämpfen: Ich dachte an die Menschen, für die mein Sterben sehr, sehr schmerzvoll sein würde. Ich wollte ihnen meinen frühen Tod nicht antun.

„Stark wie der Tod ist die Liebe“, heißt es in der Bibel (Hld 8,6). Manchmal kann die Liebe, die Menschen verbindet, den Tod sogar besiegen.

Die Liebe ist stärker noch als der von Charles Darwin (1809-1882) gepriesene Selbst- und Arterhaltungstrieb, der mit dem Versiegen der körperlichen und geistigen Kräfte so schnell dahinschwinden kann. Das sagen inzwischen selbst Evolutionsbiologen. Auch das „egoistische Gen“, das uns, wie Richard Dawkins, der darwinistische Außenseiter ihrer Forscherzunft, behauptet, zu „Überlebensmaschinen“ mache[5], ist es nicht, das uns bestimmt. Was unsere Lebenskräfte erhält und mobilisiert, ist „das Erleben positiver Zuwendung und – erst recht – die Erfahrung von Liebe“, so unter vielen anderen der Neurobiologe Joachim Bauer.[6] Der Freiburger Wissenschaftler schreibt: „Das Bemühen des Menschen, als Person gesehen zu werden, steht noch über dem, was landläufig als Selbsterhaltungstrieb bezeichnet wird. Nicht nur Personen, auch Tiere, die gegen ihren Willen dauerhaft ausgegrenzt und isoliert werden, verlieren alles Interesse am Leben, verweigern die Nahrung, werden krank und sterben"[7]; denn „nicht der Kampf ums Dasein, sondern Kooperation, Zugewandtheit, Spiegelung und Resonanz sind das Gravitationsgesetz biologischer Systeme."[8] Wir Menschen sind – „was Darwin bereits ahnte und die Darwinisten nicht wahrhaben wollen", so der Göttinger Hirnforscher Gerald Hüther[9] – „keine von irgendwelchen Genen auf Konkurrenz und Selbstbehauptung programmierten Roboter, sondern *Kinder der Liebe*"[10].

Und wo die Liebe den Tod nicht (mehr) zu verhindern vermag, den eigenen Tod nicht und den Tod der anderen nicht, da rebelliert sie gegen seine Endgültigkeit.

Sie, die urgewaltige Macht der Liebe ist es, die uns Menschen nach dem Danach fragen lässt – und nach einer Antwort verlangt. Selbst wenn ein Mensch wie Reiner Kunze von sich bekennt: „Ich lebe Auge in Auge mit dem Nichts – zumindest reicht meine Erfahrung nicht weiter", so zieht er doch aus dieser Antwort für die Gegenwart den Schluss: „Jeder trägt Verantwortung – für sein eigenes Leben und für das der anderen, und das verpflichtet zu Solidarität."[11] Ich habe viele religionslose Freunde; die denken so. Die lieben so.

Andere in unserer religions- und weltanschauungs-pluralistischen Welt suchen und finden andere Antworten. Sie reichen vom Trost, dass ein Gestorbener ja fortlebt in seinen Werken, bis hin zum Glauben an spiritistische Kontaktmöglichkeiten mit der „Geisterwelt“. Wenn auch nicht jede dieser vielen Antworten vor meinem Verstand bestehen und meinem Herzen Genüge sein kann, so habe ich doch seit jener persönlichen „Nah-Tod-Erfahrung“ Achtung vor jeder Art von Glauben, mit dem ein Mensch, sei er religiös oder religionslos, das Todes-Nachher deutet. Denn es ist die Liebe, immer die Liebe, die ihn dazu treibt, irgendeinen Lichtstrahl, und leuchtete er noch so schwach, im Todesdunkel auszumachen. Selbst wenn einer, abgestumpft und in sich selbst verkrümmt, als ein schon bei Lebzeiten „Toter“ seine Toten begräbt (vgl. Mt 8,22; Lk 9,60) – ich empfinde Achtung für ihn. Denn es ist auch in diesem Menschen die Liebe – in seinem Fall die Liebe, die er entbehren musste –, die ihn nach keinerlei Antwort mehr suchen lässt. Immer die Liebe.

Die Alternativen

Entweder ich lebe im Blick auf den unausweichlichen Tod des ganzen Menschen „Auge in Auge mit dem Nichts" – oder …

Ich weiß, dass jedes Lebewesen auf unserem Planeten vergänglich ist, so vergänglich wie die Erde selbst. Ich weiß auch, dass mein „Ich" – die Person, die von sich „ich, Reinhard" sagt – allem Anschein nach nur so lange Bestand hat, wie die Billionen neuronaler Verschaltungen unter meiner Schädeldecke funktionieren. Als einem Menschen, der im Zeitalter der Evolutionsbiologie, der Neurophysiologie und der Hirnforschung lebt, ist es mir nicht möglich, bedenkenlos daran glauben zu können, dass etwas an mir oder in mir unsterblich sei. Freilich, auch Neurobiologen können die Frage „Materie aus Geist" oder „Geist aus Materie", so einer ihrer Protagonisten, nicht definitiv beantworten; „was von beiden sich als das Fundamentalere herausstellen wird, scheint mir noch nicht ausgemacht" (Christoph von der Malsburg, Ruhr-Universität Bochum).[12] Doch so sehr ich mir der Grenzen menschlicher Erkenntnis, auch der Grenzen modernster naturwissenschaftlicher Erkenntnismöglichkeiten bewusst bin – ich muss, nach allem, was ich über das Zusammenspiel von Geist und Körper weiß, davon ausgehen, dass der Mensch, wenn er stirbt, als ganzer Mensch stirbt. *Aus sich selbst heraus* – darauf deutet jedenfalls alles hin –

hat unsere menschliche Natur nicht die Kraft, unsterblich zu sein, auch nicht im psychisch-geistigen Teil ihres einen, unteilbaren Wesens.[13] Daher sind für mich alle Antworten auf die Frage, ob es ein Leben nach dem Tod gibt, weder Trost noch Hilfe, wenn sie die Annahme voraussetzen, die „Seele", der „Geist", das „Karma" oder wie immer man das vermeintlich Unsterbliche am Menschen nennen mag, verlasse im Sterben den Körper und lebe dann ohne ihn weiter.

An Seelenwanderung zu glauben zum Beispiel, an eine Wiedergeburt in einen anderen Körper hinein, ist mir – so sehr ich für Menschen Verständnis habe, die darauf ihre Hoffnung setzen – nie zur Versuchung geworden, weder in den fernöstlichen noch in den westlichen Varianten der Reinkarnationslehre. Die scheinbaren Wiedererkennungs- und Rückführungsphänomene können, entgegen mancher (in unserem Kulturkreis vor allem esoterisch geprägter) Beteuerungen, den Beweis für eine tatsächliche Seelenwanderung nicht erbringen. Und überdies: Dass dann der einmalig-kostbare Mensch, der mir lieb geworden ist, irgendwann und irgendwo als ein ganz anderer Mensch – wenn überhaupt als Mensch – weiterexistiert, und dass ich in meinem Bewusstsein dann selbst nicht mehr der bin, der ich bin, macht unser Jetzt, mit seiner Vergangenheit und seiner Zukunft, im Kreislauf des Stirb-und-Werde zur erschreckend vergänglichen Episode. Wer will und kann mit dieser Vorstellung *leben*? Millionen von Menschen auf dieser Erde können es (noch); die meisten freilich, im fernöstlichen Kulturkreis, in der Hoffnung auf das ersehnte Verlöschen ihres leidvollen Daseins nach vielen läuternden, gar nicht erfreulichen Reinkarnationen. Ich kann es nicht. Aus Vernunftgründen nicht.[14] Und aus Liebesgründen nicht: mir zuliebe nicht und aus Liebe zu denen nicht, die mir, wie dem Kleinen Prinzen der Fuchs und die Rose, vertraut und einmalig geworden sind.

Oder dass die menschliche Person ein überirdischer Funke im Gefängnis des irdischen Körpers sei, ihn im Tod zurücklasse und sich auflösen werde in Gott oder ins Göttliche hinein, so wie ein Regentropfen in den Ozean fällt oder eine kurzlebige Welle sich wieder vereint mit dem Meer – auch diese Vorstellung kann weder meinem Verstand noch meinem Herzen genügen. Ich jedenfalls habe den „Regentropfen" lieb. In seiner leiblich-seelischen, personalen Identität! Mein Verstand kann den Menschen neben mir nicht dualistisch geteilt betrachten, und mein Herz will ihn nicht dem Versinken preisgeben in einen namenlosen Ozean des Göttlichen – oder ja doch nur des Kosmischen? – hinein.

Und die Antwort, die der christliche Glaube anzubieten hat? Spricht die katholische Kirche nicht auch von der Unsterblichkeit der Seele? Und ist denn das, was ihrer Lehre nach die „Seelen" erwartet – Gericht, Fegefeuerqualen, ewige Seligkeit oder ewige Verdammnis – der bessere Trost für die Liebenden? Oder die Glaubensvariante mancher evangelischer Theologen, nach der jeder Mensch den „Ganztod" stirbt und tot ist, bis Gott ihn mit Leib und Seele an einem fernen „jüngsten Tag" vor sein Endgericht stellt – ist das wirklich akzeptabel für Herz und Verstand? Können das Antworten auf die Frage sein, zu der die Liebe angesichts des Todes die Liebenden drängt? – Ich habe als Seelsorger über mehr als dreißig Jahre hin zu viel in die Seelen der Christenmenschen geschaut, in die quälende Angst vor dem Gottesgericht bei den einen und in die Leere, die „christliche" Lehren am Grab hinterlassen, bei den anderen, als dass ich solchen Antworten unbesehen Glauben schenken könnte.

Aus welcher Religion oder Weltanschauung und aus welchem Kulturkreis die Antworten auch kommen, es gibt letztlich nur zwei, die mir vernünftig und konsequent genug erscheinen und die für mich annehmbar sind: Entweder ich lebe, so wie die religionslosen unter meinen Freunden, im Blick auf den unausweichlichen Tod des ganzen Menschen „Auge in Auge mit dem Nichts", und wir haben für uns und füreinander nun einmal nur „eines jeden einziges leben" (Reiner Kunze)[15] – oder ...

Ich habe mich für das Oder entschieden. Nein, nicht entschieden; richtiger muss ich wohl sagen: Die Antwort, mit der ich heute lebe, wurde mir geschenkt; ihr Licht hat meinem Verstand eine Klarsicht gebracht und meinem Herzen eine solche Befreiung, dass mir die Entscheidung abgenommen wurde. Es ist im Laufe meines Lebens das mit mir geschehen, was Papst Benedikt in seiner ersten Enzyklika (DEUS CARITAS EST, 2006) in die Worte brachte: „Am Anfang des Christseins steht nicht ein ethischer Entschluss oder eine große Idee, sondern die Begegnung mit einem Ereignis, mit einer Person, die unserem Leben einen neuen Horizont und damit seine entscheidende Richtung gibt."[16]

Licht, wolkenverhangen

Es ist die Grundgestalt menschlichen Geschicks, nur in dieser unbeendbaren Gestalt von Zweifel und Glaube, die Endgültigkeit seines Daseins finden zu dürfen …

Als ich sie kennen lernte, diese Person, von der Benedikt spricht, hieß sie „der liebe Gott". In unserer Wohnstube hing ein Kreuz, da war er drangenagelt. In der Kirche hieß der liebe Gott Jesus. Von Weihnachten bis Anfang Februar war er das Kind in der Krippe, und in der Osterzeit stand er als farbenfrohe Holzfigur neben dem Altar, das Auferstehungs-Banner in der Hand. Das waren, so wusste ich schon bald, nur Bilder von ihm, denn er selbst war ja in den Himmel aufgefahren, vor langer Zeit. Ich glaubte an ihn wie wir alle in unserer kleinen Kirchengemeinde, und ich wusste, dass er uns sehr lieb hat.

Dass die Verstorbenen bei ihm sind, bei ihm im Himmel, und dass auch ich einmal in den Himmel kommen werde, das gehörte wie selbstverständlich zu dem Glauben, in den ich als Kind und als Jugendlicher hineingewachsen bin. Freilich, nicht ohne den Zweifel; dafür sorgte allein schon das atheistisch geprägte Umfeld in der damaligen DDR. Selbst meine tiefgläubigen Eltern hörte ich manchmal nachdenklich sagen: „Es ist noch keiner zurückgekommen ..."

Und auch der grundsätzliche Glaubenszweifel ist mir nicht erspart geblieben: Gott, den gäbe es überhaupt nicht, sagten uns die Lehrer in der Schule schon von den ersten Klassen an. Er sei ja nicht beweisbar. Einmal ging ich in meiner Verunsicherung zu unserem Kaplan. Der erklärte mir: „Euer Lehrer hat recht, wir können Gott nicht beweisen, wir *glauben* an ihn; aber auch der Lehrer kann seinen Atheismus nicht beweisen, er *glaubt*, dass es Gott nicht gibt." Diese einfache Klarstellung hat fortan mein Leben getragen. Sie bringt auf den Punkt, was auch beste Religionsphilosophen, die ich später las und hörte, mit allem denkerischen Scharfsinn im Ergebnis nicht anders zu sagen vermögen.

Keiner der Verfechter des neuzeitlichen Atheismus hat Argumente vorbringen können, die dazu nötigen, die Existenz Gottes ausschließen zu müssen; im Gegenteil, ihre Argumente berechtigen nicht einmal dazu. Und wer heute noch seinen Atheismus, wie der genannte Richard Dawkins in seinem neuen Buch DER GOTTESWAHN (2007)[17], gar mit der Naturwissenschaft beweisen wollte, muss zumindest zur Kenntnis nehmen, dass gerade vonseiten der Kosmos- und der Evolutionsforschung, die in den Kirchen über lange Zeit hin als Bedrohung für den Glauben an Gott empfunden und von atheistischen Weltanschauungen gegen die Religionen ins Feld geführt wurden, sogar sehr plausible Argumente kommen, die *für* den Gottesglauben sprechen. Wir stehen heute vor der nicht mehr rückgängig zu machenden Erkenntnis, dass die Frage „Gott oder nicht Gott?“ nur mit einer *Glaubens*entscheidung beantwortet werden kann. Es gibt H*in*weise und rationale A*rgumente* für die Vernünftigkeit einer solchen grundlegenden Lebensentscheidung, aber das sind – in unterschiedlicher Bewertung – Argumente für die Vernünftigkeit *beider* Positionen. Wir kommen nicht daran vorbei, das Leben *glaubend* auf eine der beiden Karten zu setzen – ohne jede Überheblichkeit, es besser zu wissen als der, der sich anders entschieden hat. In seiner EINFÜHRUNG IN DAS CHRISTENTUM schrieb 1968 der Tübinger Theologieprofessor Joseph Ratzinger: „Wie es dem Glaubenden geschieht, dass er vom Salzwasser des Zweifels gewürgt wird, das ihm der Ozean fortwährend in den Mund spült, so gibt es auch den Zweifel des Ungläubigen an seiner Ungläubigkeit ... Es ist die Grundgestalt menschlichen Geschicks, nur in dieser unbeendbaren Gestalt von Zweifel und Glaube, von Anfechtung und Gewissheit die Endgültigkeit seines Daseins finden zu dürfen.“[18] Mit derselben Redlichkeit bekennt der französische Philosoph André Comte-Sponville (geb. 1953) in einem Interview von 2007: „Ich bin Atheist. Aber das ist für mich keine wissenschaftliche, absolut sichere Erkenntnis, sondern eben auch ein Glaube. Als Philosoph kann ich nur sagen: Ich *glaube*, dass Gott nicht existiert."[19]

Dass der Himmel, in den Jesus „aufgefahren" ist und in dem die Verstorbenen bei Gott leben, sich nicht über den Wolken befindet, das wurde mir spätestens klar, als Juri Gagarin nach seinem Weltraumflug im April 1961 sagte, er habe dort oben Gott nicht gesehen. Ich war damals zehn Jahre alt, und der Kaplan erklärte uns, erheitert über so viel Unverstand, dass *Gottes* Himmel überall sei, aber so wie Gott selbst für uns unsichtbar ist.

Auch vom Fegefeuer war in den Predigten und Katechesen meiner Kindheit die Rede, und dass die Verstorbenen im Fegefeuer geläutert würden. Das machte mir wenig Sorgen, das Fegefeuer würde ja, hieß es, vorübergehend sein, und außerdem war das alles für mich so fern wie mein Tod überhaupt.

Aber die Hölle. In die kommen, so hörte ich als Zehnjähriger einen Gastpriester in der Fastenzeit predigen, vor allem die anderen, die Ungläubigen. Und folglich also –

fast alle Mitschüler in meiner Klasse? (Von ca. dreißig waren ja nur fünf oder sechs getauft!) Und die Lehrer? (Die allermeisten von ihnen schätzte ich sehr, obwohl sie zu den „Kommunisten" zählten!) Und – wer weiß – auch die Leute in unserem Dorf? (Die waren zwar noch fast alle getauft, viele aber standen der Kirche fern.) Mir vorzustellen, sie alle würden einmal in einer ewigen Hölle gequält werden – das muss für meine kindliche Seele so furchtbar gewesen sein, dass ich den Gedanken daran nur verdrängen konnte! Und mit dazu, auf lange Zeit, den Tod überhaupt und die ganze „ewige Seligkeit".

Dennoch glaubte ich an Gott. Was ich in Elternhaus und Kirchengemeinde vom Christentum in mich aufnahm, faszinierte und berührte mich so sehr, dass alles Unverständliche und Beängstigende davon in mir überblendet war. Eine bessere „Weltanschauung" für das Leben – wenn auch weniger für das Sterben – als die christliche konnte ich mir nicht vorstellen. An Gott und an seinen Jesus glauben, machte mich glücklich und gab meinem Leben die „entscheidende Richtung" (s. S. 115).

Aber das blieb nicht so. Bevor mir der christliche Glaube wirklich zum Lebensfundament werden konnte, legte sich eine finstere Wolkendecke über mich. Ich war damals vierzehn Jahre alt und trat, um einmal zu werden wie unser Kaplan, in ein kirchliches Internat ein. Am Abend des Anreisetages versammelten wir uns in der Kapelle, und der Rektor des Hauses hielt uns eine Ansprache. Wir seien nun, so begrüßte er uns freundlich, wie die Jünger Jesu, von Gott berufen, Priester zu werden. Wer sich jedoch, und dabei wechselte er den Ton, nicht strikt an die Hausordnung halte, der sei dem Judas unter den Jüngern gleich, und wir dürften sicher sein: „Judas ist in der Hölle." – Ich wusste noch nicht, dass man auch einem Priester nicht alles glauben darf. Ich wusste auch noch nicht, dass dieser Mann durchaus ein grundgutes Herz für uns hatte und dass er zu Drohungen, auch solcher Art, wohl nur griff, weil er sich heillos überfordert fühlte, hundert eng zusammengepferchte Vierzehn- bis Achtzehnjährige zu regieren. Seine Worte jedenfalls trafen mich wie ein Schlag, und die Gottesangst, die schlimmste aller bis dahin erlebten Ängste, wurde mir über Jahre zur düsteren Begleiterin.

In den Predigten und Vorträgen, die ich fortan hörte, in Büchern, in Gebetstexten oder in den geistlichen Unterweisungen war

Gott immer der barmherzige und liebende Gott. Aber er war zugleich auch ein strafender, vergeltender und rächender Gott. Ein Gott mit zwei Seiten: ein Gott, der mich liebt – und ein Gott, der es fertigbringt, mich zu verdammen und zu quälen.

Ich habe diese Gottessicht, die man inzwischen in der Theologie das *ambivalente Gottesbild* nennt, nie wirklich geglaubt. Aber meine Seele war dennoch schwer damit belastet. Ein solcher Gott – und die daraus resultierende Sicht von dem, was uns nach dem Tod erwartet – taugt nicht für das Leben! Das wurde mir immer klarer. Ich musste mich von ihm befreien. So, wie viele Menschen sich von ihm befreien, wenn sie sich vom Glauben ihrer Kirche abwenden – bis heute.

Meine Entscheidung – jetzt war es eine E*ntscheidung* – fiel nach den ersten Semestern des Theologiestudiums. Ich entschloss mich, doch lieber auf die Lebensideale derer zu schauen, die wir damals in der DDR die „Edel-Marxisten" nannten. Rosa Luxemburgs BRIEFE AUS DEM GEFÄNGNIS[20] zum Beispiel oder die zu dieser Zeit nur heimlich kursierenden Gedichte von Reiner Kunze sprachen tiefe Bereiche meiner Seele an. Auch Anne Philipes Buch NUR EINEN SEUFZER LANG, in dem die religionslose Frau des französischen Schauspielers Gérard Philipe ihrer unermesslichen Trauer über den Tod ihres Mannes Sprache verleiht – bis heute für mich eine der ergreifendsten Schriften über Liebe und Tod –, bewegte mich zutiefst.[21] Ich lernte, die religionslose Lebenssicht von innen her verstehen. Wertvolle Menschen – „Ungläubige" und „Gottlose" in den Augen so mancher meiner christlichen Zeitgenossen – wurden mir zu Freunden. Das Bekenntnis der ostdeutschen Lyrikerin Eva Strittmatter war nun auch das meine: „Ich leb mein Leben ohne Gott ..."[22] Und mir fehlte nichts.

Der neue Horizont

Der Gott, den Jesus „Abba – lieber Vater" nannte, ist ein Gott der Liebe, einer eindeutigen, absoluten und bedingungslosen Liebe.

André Comte-Sponville, nur zwei Jahre jünger als ich und ebenfalls als Student vom katholischen Christen zum Atheisten geworden, sagt heute: „Diese unsere Welt reicht mir. Ich brauche keinen Jenseitstrost. Ich habe den Eindruck, besser zu leben, seitdem ich Atheist bin. Die Vorstellung der Hölle ist für mich störender als die Vorstellung eines Nichts nach dem Tode. Wichtig ist: Jetzt erlebe ich erfüllte Ewigkeit, die sich in der Liebe zeigt. Sie eröffnet das Bleibende."[23] Ich kann André Comte-Sponville – und er spricht ja für viele in meiner Generation – so gut verstehen!

Auch ich hätte diesen grausamen Gott nie wieder in mein Leben eingelassen, wären mir nicht nach einem Jahr Texte von Johannes vom Kreuz (1542-1591) in die Hände gekommen: Wenn es in meiner Biografie ein Ereignis gibt, das mich ahnen lässt, was Paulus vor Damaskus widerfahren sein mag, dann war es die Viertelstunde in der Erfurter Straßenbahn, als ich, eher unwillig, in dem Buch mit Auszügen aus den Schriften des spanischen Karmeliten zu blättern begann, das ich Minuten vorher als „letzten Versuch mit dem Christentum" empfohlen und entliehen bekommen hatte. Als ob in eine von Sternen erleuchtete Nacht hinein plötzlich die helle Mittagssonne strahlen würde, so ging mir noch einmal ganz neu das „Licht des Glaubens“ auf. Die Glaubenserfahrungen, die ein christlicher Mönch vor vierhundert Jahren niedergeschrieben hatte, und das Gottes- und Menschenbild, das diesen Erfahrungen zugrunde lag, überstrahlten alles, aber auch alles, was mir zuvor, in der christlichen wie in der atheistischen Lebensphase, den Weg geleuchtet hatte. In meinem „Leben ohne Gott“ hatte mir nichts gefehlt; aber nach jener Viertelstunde wusste ich, was mir von nun an fehlen würde, ließe ich dieses Licht nicht in mich ein. Wenn das, was ich hier lese, Christsein ist, sagte ich mir, dann will ich es lernen!

Das Gottesbild des Johannes vom Kreuz fand ich, vor allem durch das Studium der neutestamentlichen Exegese und der geistlichen Tradition der Kirche, bei Jesus wieder.

Der hatte, so erkannte ich nun, auch einen Judas *nicht* verdammt, und er hatte von einem Gott gesprochen, der „seine Sonne aufgehen lässt über Bösen und Guten und regnen lässt über Gerechte und Ungerechte“ (Mt 5,45). Sein Gott ist nicht der ambivalente Gott, der Gott mit zwei Seiten, einer lichtvollen und einer dunklen; sein Gott „ist Licht, und Finsternis ist nicht in ihm" (1 Joh 1,5). Der Gott, den Jesus „Abba – lieber Vater" nannte, ist ein Gott der Liebe, einer eindeutigen, absoluten Liebe ...

Viele Jahre vergingen. Ich hatte nicht mehr daran geglaubt, dass es meine Generation noch erleben würde. Dann kam der 25. Januar 2006. Für 13.00 Uhr war schon Tage zuvor die Internet-Veröffentlichung der ersten Enzyklika von Papst Benedikt XVI. angekündigt worden. Pünktlich klickte ich mich zu den Seiten der Deutschen Bischofskonferenz durch. Und dann las ich und las und vergaß beinahe den Vortrag, den ich um 15.00 Uhr zu halten hatte ... Er hatte es tatsächlich geschrieben! Viele schon hatten es, seit den Tagen der ersten Christen, gesagt. In den drei einhalb Jahrzehnten seit meiner „Damaskusstunde" auch große Theologen wie Karl Rahner (1904-1984) und Eugen Biser (geb. 1918), oder wie Roger Schutz (1915-2005), der Prior von Taizé. Und viele hatten längst schon ausführlicher als der neue Papst, manche vielleicht tiefsinniger noch oder poetischer darüber gesprochen und geschrieben. Auch ich selbst hatte in meinen Vorträgen und Büchern immer wieder meine Überzeugung zum Ausdruck zu bringen versucht, dass die notwendige Erneuerung des

Christentums nur möglich werden kann, wenn wir endlich, nach zweitausend Jahren, mit Jesus gleichziehen, mit ihm das ambivalente Gottesbild überwinden und seinen Abba-Gott zur *Mitte* unseres Glaubenslebens machen – den Gott, „der nur lieben kann und der uns unablässig sucht" (Roger Schutz)[24], der ein „ursprünglich und grundlos liebender Gott"[25] ist und in dessen Herz „nichts sein kann als wirklich nur Liebe und sonst nichts"[26] (Karl Rahner). Vielen Menschen, jungen und älteren, Christen unterschiedlicher Konfession und manchem Religionslosen sogar, hatte ich dadurch helfen können, das Vertrauen zu Gott und zu sich selbst (wieder) zu finden; einige hatten mich aufgrund dieses Gottesbildes freilich auch als „nicht mehr ganz katholisch" gestempelt. Aber nun hatte es – tatsächlich – ein Papst gesagt:

„‚Gott ist die Liebe, und wer in der Liebe bleibt, bleibt in Gott, und Gott bleibt in ihm' (1 Joh 4,16). In diesen Worten aus dem Ersten Johannesbrief ist die Mitte des christlichen Glaubens, das christliche Gottesbild und auch das daraus folgende Bild des Menschen und seines Weges in einzigartiger Klarheit ausgesprochen. (...)

In einer Welt, in der mit dem Namen Gottes bisweilen die Rache oder gar die Pflicht zu Hass und Gewalt verbunden wird, ist dies eine Botschaft von hoher Aktualität und von ganz praktischer Bedeutung. Deswegen möchte ich in meiner ersten Enzyklika von der Liebe sprechen, mit der Gott uns beschenkt und die von uns weitergegeben werden soll ..., (einer) Liebe, die Gott dem Menschen in geheimnisvoller Weise und völlig vorleistungsfrei anbietet."[27]

Es gibt die lichtvollen Stunden im Leben, und es gibt die dunklen. Der 25. Januar 2006 war ganz gewiss einer der lichtvollsten Tage, nicht nur in meiner persönlichen Biografie, sondern in der Geschichte der gesamten Christenheit.

„Mit nie endender Liebe habe ich dich lieb!“

Die Alternative kann für mich nur ein Leben Auge in Auge mit einem Gott sein, der zu mir und meinen Freunden sagen kann: „Mit nie endender Liebe habe ich dich lieb!“
(Jer 31,1)

Ein Problem, vor das sich heute wohl immer mehr Menschen gestellt sehen, hat in meinem Leben nie eine besondere Rolle gespielt: In meinen gläubigen wie in meinen „ungläubigen" Zeiten war Gott für mich immer ein *personaler Gott* gewesen. Ein Gott also, der, ganz menschlich gesprochen, denkt und fühlt, der von sich „Ich" sagen und zu mir „Du, Reinhard" sagen kann. Ein Gott, der um mich weiß, um mein Leben und um mein Sterben. – Es gäbe für mich keine Alternative zu der Sicht meiner religionslosen Freunde, wenn ich nicht mit nachvollziehbaren, vernünftigen Gründen davon ausgehen könnte, dass „das große Geheimnis, das wir Gott nennen" (Karl Rahner), ein Jemand ist, eine *Person*.

Aber darf man sich Gott so vorstellen? Ist das nicht *allzu* menschlich gedacht? Muss man sich die große göttliche Macht, die „die Welt im Innersten zusammenhält" (Goethe, Faust I), nicht eher als eine „allesumfassende Energie" denken, jedenfalls als eine *un*personale, *un*persönliche Kraft? – Viele Menschen, auch so manche Christen in allen großen Konfessionen, glauben es inzwischen so, und selbst der eine oder andere Theologe neigt zu dieser Ansicht. Der evangelische Theologieprofessor Matthias Kröger spricht sich sogar für einen „fälligen Ruck in den Köpfen und Herzen der Kirche“[28] aus und schreibt in einem aufrüttelnden Buch von 2004, wir Christen sollten doch endlich den bisherigen theistischen *Gott*-Glauben hinter uns lassen und uns, auch im Blick auf den Dialog mit den fernöstlichen Religionen, dem Glauben an *das Göttliche* zuwenden, hin zu einem „non-theistischen Verständnis des Göttlichen“.[29]

So aufregend neu solche Gedanken zu sein scheinen – die Auseinandersetzung mit dieser unpersonalen Gottessicht kannte schon das alttestamentliche Israel. Und schon diese Menschen, für die Gott mit Selbstverständlichkeit ein personaler Gott war, ein Du, nicht ein Es, ein Gott, der von sich sagen kann: „Ich bin der ICH BIN DA“ (Ex 3,14), hatten ein klares Argument gegen diese „non-theistische“ Auffassung: „Der das Ohr geschaffen hat, sollte der nicht hören? Der das Auge geschaffen hat, sollte der nicht sehen?“ (Ps 94,9). Mit anderen Worten: Kann denn Gott, der Urgrund von allem, was da ist, kleiner und geringer sein als das, was seine Schöpfung als höchste Daseinsform hervorgebracht hat? Kleiner und geringer als der Mensch, die menschliche Person?

Gott, so die Schlussfolgerung in diesem Argument, dem ich ganz und gar folge, muss *mindestens* das sein, was wir Person nennen. Jede andere Vorstellung wäre zu klein, wäre in der Tat allzu menschlich gedacht!

Freilich ist Gott – auch das war für mich, spätestens seit den Jahren meines Theologiestudiums, immer selbstverständlich – nicht im menschlich begrenzten Sinne Person. Wenn in den abrahamitischen Religionen vom personalen Gott gesprochen wird, ist das Wort Person wie ein Fenster, ein Begriffs-Fenster, durch das wir auf weit Größeres hinausblicken als das, was wir als Person im menschlichen Bereich kennen. Gott ist in einem viel umfassenderen und vollkommeneren Sinne Person, ja das göttliche Person-Sein übersteigt das menschliche Person-Sein ins Unendliche.

Und doch: Kein anderes Wort wäre geeigneter und angemessener, um in die allein mögliche Richtung zu weisen, in der wir von Gott denken und uns seine Wirklichkeit bewusst machen dürfen. *Weniger* als Person *kann* Gott nicht sein. Kleiner von Gott zu denken, hieße, nicht *Gott* denken, sondern eine kosmische, also innerweltliche Gestalt oder Energie vergöttlichen. „Ein Gott, der weniger als persönlich und folglich weniger als menschlich ist", so der Dominikaner-Theologe Edward Schillebeeckx, „wäre eine blinde Macht, und einer solchen Macht kann man keine absolute Transzendenz zuschreiben."[30]

Nur von einem personalen Gott – auch das zu betonen, scheint mir wichtig – kann die frühe Kirche mit Jesus sagen, dass er der Gott der Liebe sei. Denn Liebe gibt es nicht ohne die Person. „Liebe", als Substantiv, ist ja ein abstrakter Begriff; real ist nur, was in dem Tätigkeitswort *lieben* sprachlichen Ausdruck findet. Und real sind nur die, von denen diese „Tätigkeit" ausgesagt werden kann: Personen, die lieben. Liebe ist, um mit dem jüdischen Theologen Martin Buber (1878-1965) zu sprechen, das „Zwischen" in der Begegnung zweier Personen, sie „geschieht", sie ist „zwischen Ich und Du".[31] Die jüdisch-christliche Glaubenstradition sagt nicht, die *Liebe* sei Gott, auch nicht, das *Göttliche* sei Liebe – sie sagt, *dass Gott liebt*! Und nur weil Gott in seinem Person-Sein unendlich ist, ist auch sein *lieben* so hoch über allem menschlichen Lieben, dass der Autor des Ersten Johannesbriefes formulieren kann: „Gott ist *die* Liebe."

In seiner zweiten Enzyklika, ÜBER DIE CHRISTLICHE HOFFNUNG (von 2007), hat Papst Benedikt auch diese Grundüberzeugung der abrahamitischen Religionen in Erinnerung gebracht und damit die „Liebesgeschichte fortgeschrieben“ (so eine Pressestimme bald nach Erscheinen dieses Weltrundschreibens), die er mit seiner ersten Enzyklika begonnen hatte: „Nicht die Elemente des Kosmos, die Gesetze der Materie, herrschen letztlich über die Welt und über den Menschen, sondern ein persönlicher Gott ...; nicht die Gesetze der Materie und der Evolution sind die letzte Instanz, sondern Verstand, Wille, Liebe – eine Person. Und wenn wir diese Person kennen, sie uns kennt, dann ist wirklich die unerbittliche Macht der materiellen Ordnungen nicht mehr das Letzte; dann sind wir nicht Sklaven des Alls und seiner Gesetze, dann sind wir frei. (...) Das Leben ist nicht bloßes Produkt der Gesetze und des Zufalls der Materie, sondern in allem und zugleich über allem steht ein persönlicher Wille, steht Geist, der sich in Jesus als Liebe gezeigt hat.“[32]

Die Alternative zu einem Leben „Auge in Auge mit dem Nichts“ kann für mich nur ein Leben Auge in Auge mit einem personalen Gott sein, mit einem Gott, der, mit dem alttestamentlichen Jeremia gesprochen, zu mir und meinen Freunden sagen kann: „Mit nie endender Liebe habe ich dich lieb!“ (Jer 31,3).

Zweimal auferstehen

Die Auferstehung Jesu begründet die zweifache Auferstehung des Menschen, die mitten im Leben und die aus dem Tod.

Es wird den Tag nicht geben, an dem ich behaupten könnte, ich würde Jesus nun kennen und sein Evangelium hätte ich bis ins Letzte verstanden. Man lernt nie aus in der Lebensschule des Meisters aus Nazaret. Das aber kann ich sagen, heute und nun im Rückblick auf ein paar Jahrzehnte schon: Er hat meinem Leben, mit Papst Benedikt gesprochen, „einen neuen Horizont und damit seine entscheidende Richtung" (s. S. 27) gegeben. Und immer, wenn ich wieder etwas mehr verstehe, wenn erneut der Horizont sich weitet und die „entscheidende Richtung" sich noch klarer zeigt, ist das eine tiefe, beglückende Erfahrung. Frohbotschaft-Erfahrung. Es ist dann jedes Mal, um es in Bildern zu beschreiben, wie ein Aufgewecktwerden aus dem Schlaf, wie das Aufstehen am Morgen, wenn ein neuer, an freudigen Ereignissen reicher Tag bevorsteht, wie ein Neugeborenwerden in ein erfüllteres Leben hinein ...

Ich wähle solche Aufwach-Bilder ganz bewusst, weil sie dem biblischen Wort *Auferstehung* zugrunde liegen. „Aufstehen/aufgeweckt werden" ist ja, so der Jesuit und Paulusforscher Norbert Baumert, „die Grundbedeutung des Wortes, aus der sich dann später (wenigstens in der deutschen Sprache) der spezielle Terminus 'Auf-er-stehung' gebildet hat"; das Griechische und Lateinische kenne „bis heute keinen eigenen Terminus dafür; die Worte sind gleichzeitig weiterhin auch in der allgemeinen, alltäglichen Bedeutung gebräuchlich"[33]. Und dieses besondere „Auf(er)stehen", die Auferstehung von den Toten, ist zudem ebenfalls ein treffender Vergleich für die Horizonterweiterung, von der ich hier spreche. Wer die Erfahrung, mitten im Leben aus dem „Totenschlaf" geholt worden zu sein, auch nur annähernd kennt, wird selbst diesen Vergleich nicht für übertrieben halten.

Marie-Luise Kaschnitz (1901-1974) zum Beispiel hat von der *Auferstehung mitten am Tage* gesprochen. In einem ihrer Gedichte, das den Titel AUFERSTEHUNG trägt, schreibt sie:

> Manchmal stehen wir auf
> stehen zur Auferstehung auf
> mitten am Tage
> mit unserem lebendigen Haar
> mit unserer lebendigen Haut
> ... in ein Haus aus Licht.[34]

Der Schweizer Dichterpfarrer Kurt Marti (geb. 1921) weiß sich aufgrund solcher Erfahrungen

– er nennt sie „Auferstehung auf Erden“ – sogar zum *Aufstand* aufgerufen. In seinem OSTERLIED, das auch in die Gesangbücher einiger evangelischer Landeskirchen und in die GOTTESLOB-Anhänge mancher katholischer Bistümer aufgenommen worden ist, singt er den „Herren“ dieser Welt trotzend ins Gesicht:

> ... der Befreier vom Tod ...
> ruft uns jetzt alle
> zur Auferstehung auf Erden,
> zum Aufstand gegen die Herren,
> die mit dem Tod uns regieren.[35]

Ich gehöre nicht zur aufständischen 1968er Generation, deren Geist die 1970 entstandenen Verse des Berner Pfarrers atmen. Ich fühle mich auch nicht bei denen heimisch, die das Christentum seit den Jahren des Zweiten Vatikanischen Konzils (1962-1965) von „links“ oder „von unten“ her revolutionieren wollen, noch weniger freilich bei denen, die nur von „rechts“ und „von oben“ herab dagegenzuhalten verstehen. Die Befreiungsgeschichte, die ich dem Jesus verdanke, der mich wiederfand, als ich ihn im düsteren Wolkendunkel der Gottesangst verloren hatte, hat mich zu denen in Geschichte und Gegenwart geführt, die durch das Vordergründige und Oberflächliche hindurch zur Tiefe und zum Wesentlichen, zur *Mitte* hin vordringen möchten. Nicht zu einer (alles nivellierenden) „goldenen Mitte" zwischen „liberal" und „dogmatisch" oder zwischen „progressiv" und „konservativ", sondern zur *Mitte der Gottesbotschaft Jesu*. In der Geistesgemeinschaft mit solchen Menschen aber – Johannes vom Kreuz ist einer von ihnen – drängt auch mich die „Auferstehung mitten am Tage" zum „Aufstand": zum Aufstehen gegen alles vor allem, was Wahrheit durch frömmelnde Ideologie ersetzt und was „mit dem Tod uns regieren" will. Die Gottessicht Jesu, die nun endlich auch ein Papst wieder ausdrücklich und offiziell „die Mitte des christlichen Glaubens" genannt hat und das daraus resultierende Menschenbild (s. S. 43 f. sind der Angelpunkt meines Denkens und Urteilens geworden.

Und deshalb genügt es mir auch nicht, von der Auferstehung nur im hier genannten Sinne zu sprechen.

Denn so treffend, erhellend und ermutigend Worte wie die der Dichterin und des Dichterpfarrers sind – sie können den Horizont, der sich mit Jesus von Nazaret aufgetan hat, auch verstellen. Sie werden ja heute unter Christen nicht selten so verstanden, als sei Auferstehung nicht mehr als eine Metapher oder Chiffre, nicht mehr als ein Bild für ein Ereignis „auf Erden“, für eine Glaubenserfahrung „mitten am Tage“. Sogar von einigen Theologen in beiden großen Konfessionen wird diese Meinung vertreten.[36] Der bekannten evangelischen Theologin Dorothee Sölle (1929-2003) zum Beispiel lag der Aufstand gegen jede Form der Ungerechtigkeit, das Aufstehen für die Gerechtigkeit Gottes auf Erden, so sehr am Herzen – selbstverständlich zu Recht! –, dass in ihr die Hoffnung, die über den Tod hinausblickt, wohl mehr und mehr verblasste[37]; noch in einem Gespräch mit ihrem Mann, das sechs Wochen vor ihrem Tod aufgezeichnet wurde, stellt sie die (für sie nur rhetorische) Frage: „Lässt sich nicht eine Geborgenheit denken, die nicht in meiner Weiterexistenz liegt, wohl aber in Gottes Weiterexistenz?“[38]

Ja, es ist wahr: Jesus selbst hat die Menschen zur Auferstehung „mitten am Tage“ geführt. Aber er hat auch von der *Auferstehung im Tode* gesprochen, vom Aufgewecktwerden aus dem biologischen Tod, und er hat denen, die sich ein Auf(er)stehen in ein Leben bei Gott hinein, in des *Menschen* Weiterexistenz, nicht vorstellen können, entgegnet: „Er (Gott) ist doch nicht ein Gott von Toten, sondern von Lebenden. Ihr irrt euch sehr!" (Mk 12,27). Schon der Autor des zweiten Timotheusbriefes spricht von Christen, die – damals unter dem Einfluss der sogenannten Gnosis – „von der Wahrheit abgeirrt sind und behaupten, die Auferstehung sei schon geschehen" (2 Tim 2,18); solche Auffassungen sind also, wenn auch anders als in der Frühzeit des Christentums begründet, wiederum gar nicht so aufregend neu.

Augustinus (354-430) noch wusste beides zu verbinden; er sprach von den „due resurrectiones", den *zwei Auferstehungen*: Die Auferstehung Jesu begründe, so schrieb der Bischof von Hippo, die zweifache Auferstehung des Menschen, die mitten im Leben und die aus dem Tod.[39]

Ein Wunschdenken nur?

„Bedenkt: den eignen Tod, den stirbt man nur, doch mit dem Tod der andern muss man leben.“ (Mascha Kaléko)

Noch einmal: Die Gründe, die gegen ein Leben über den Tod hinaus sprechen, sind alles andere als von der Hand zu weisen. Wir können als Menschen im Zeitalter des naturwissenschaftlichen Denkens nicht von den Erkenntnissen der Forschung profitieren und zugleich ganz unbefangen von einer Unsterblichkeit des Menschen ausgehen.

Aber haben dann nicht doch all diejenigen recht, die im Tod das Ende des individuellen Daseins sehen? Ich habe über die Menschen, die dieser Auffassung sind – seien es religionslos Lebende oder seien es „zeitgenössisch" denkende Christen und Theologen –, jedenfalls nie verächtlich gedacht, im Gegenteil: Ich habe immer jeden bewundert, der zur Endlichkeit seines Lebens steht und es dennoch – oder gerade deshalb – intensiv lebt.

In den Studentenjahren war ich auch selbst dahin gekommen, ein inneres Ja zu der Möglichkeit zu sagen, dass ich einmal nicht mehr sein würde. Ohne dass deshalb mein wiedergefundener Glaube an Gott zerbrochen wäre! Wie gut konnte ich damals die Juden im biblischen Israel verstehen. Die alttestamentliche Bibel, so hörte ich in den Vorlesungen, kennt, von wenigen tastenden Denkversuchen in den Spätschriften abgesehen, kein Weiterleben nach dem Tod. Wenn man im alten Israel vom „Totenreich (hebr.: sche'ol)" sprach, meinte man nicht ein Reich, in dem die Toten *leben*, sondern in dem die Toten *tot sind*. Über lange Jahrhunderte hin hatten diese Menschen von Generation zu Generation ohne jeglichen Glauben an eine Weiterexistenz im Jenseits gelebt – und haben dennoch zu Jahwe, dem Einen Gott, aufgeblickt. Vor seinem verborgenen Angesicht hatten sie zu großer Dankbarkeit für das Leben, das endliche, begrenzte Leben, und zu einer hohen Ethik der Gerechtigkeit und Nächstenliebe gefunden.[40]

So zu denken, imponierte mir. Ein großes, heroisches, ja selbstloses – und „aufgeklärtes"! – Lebensgefühl! Lange habe ich damit gelebt. Bis es dahinschwand. In dem Maße nämlich, wie mir bewusst wurde, dass eines Tages, vielleicht ja schon bald, auch Menschen sterben würden, die mir sehr lieb geworden waren …

Was ich nun empfand, gibt das Gedicht von Mascha Kaléko, aus dem ich schon kurz zitierte – es trägt den Titel MEMENTO –, treffend wieder:

Vor meinem eignen Tod ist mir nicht bang,
Nur vor dem Tode derer, die mir nah sind.
Wie soll ich leben, wenn sie nicht mehr da sind?

Allein im Nebel tast ich todentlang
Und lass mich willig in das Dunkel treiben,
Das Gehen schmerzt nicht halb so wie das Bleiben.

Der weiß es wohl, dem gleiches widerfuhr;
– Und die es trugen, mögen mir vergeben.
Bedenkt: den eignen Tod, den stirbt man nur,
Doch mit dem Tod der andern muss man leben.[41]

Wenn es etwas Aufständisches im Menschenherzen gibt, einen „Aufstand mitten im Leben", der durch nichts zu beschwichtigen ist, dann ist es der Aufstand gegen den Tod derer, die uns „nah sind".

Gewiss, der Tod eines Menschen kann für die Zurückbleibenden auch eine Erleichterung sein, und in einer unglücklichen Beziehung sogar eine Befreiung. Doch wo das Miteinander glückt, wird allein schon der Gedanke, der andere könnte einmal nicht mehr da sein, zur Qual. Dann hat sein Tod auch für denjenigen, der mit guten weltanschaulichen oder religiösen – oder sogar biblischen und theologischen – Gründen die Endlichkeit des

Lebens grundsätzlich bejaht, ein schreckliches Gesicht. „Ich habe keine Angst vor Ihnen, Mr. Death", schrieb Dorothee Sölle an den „sehr geehrten Herrn Tod"; doch auch sie bekennt: „Was ich fürchte, ist das Alleingelassenwerden, wenn mein Lache- und Weine-Partner vor mir fort muss."[42]

Literarisch ist der Aufstand der Liebe gegen den Tod wohl selten so kraftvoll zum Ausdruck gebracht worden wie durch den französischen Philosophen Gabriel Marcel (1889-1973); in seinem Schauspiel DER TOTE VON MORGEN schreibt er:

> Einen Menschen lieben, das heißt,
> ihm sagen: Du, du wirst nicht sterben![43]

Nicht: du *darfst* nicht sterben!, sagt hier das Herz des Liebenden, sondern: du *wirst* nicht sterben! Nur eine Liebe freilich, die beim anderen nicht „die Liebe" sucht, sondern im Geliebten die Person erblickt, die größer und kostbarer noch ist als alle Erfahrung von Liebe, vermag in einem Menschen die Kraft zu einer solchen Gewissheit freizusetzen. Sie lässt ihn dahin reifen, dass er den Geliebten nicht mehr festhalten will mit dem angstvollen „Du *darfst* nicht sterben!"; er weiß nun vielmehr, ohne zu wissen, wie er es weiß: Du, du *wirst* nicht sterben! Auch dann nicht, wenn du stirbst! Du wirst für immer da sein!

Auch das nur eine Fiktion? Ein Wunschdenken nur? Der Aufstand der Liebe – ein Kampf gegen unumstößliche Realitäten?[44]

Es bleibt dabei: Nichts ist so todsicher wie der todsichere Tod, und keine noch so starke Liebe hält ihn dauerhaft auf. Das „Ich", zu dem ich „Du" sage und das mich liebend anblickt, wird sterben. So wie auch ich sterben werde.

Aber hätte dann nicht doch Sigmund Freud (1856-1939), der Vater der modernen Seelenkunde, recht? Als innerhalb von wenigen Wochen nacheinander seine 26jährige Tochter Sophie und sein vierjähriger, liebster Enkel Heinele starben, notierte er für die Nachwelt: „Niemals sind wir ungeschützter gegen das Leiden, als wenn wir lieben, niemals hilfloser unglücklich, als wenn wir das geliebte Objekt oder seine Liebe verloren haben."[45] Heißt die tragische, aber realistische Lehre, die daraus zu ziehen ist, nicht, so die Botschaft Sigmund Freuds pointiert zusammenfassend der Schweizer katholische Theologe Johannes B. Brantschen: „Liebt euch nicht zu sehr, sonst werdet ihr früher oder später unglücklich!"[46]?

Oder gibt es einen, irgendeinen Grund, der unbändigen Gewissheit, die das *Lieben* schenken kann – das ungebremste, leidensmutige Lieben –, dennoch zu trauen?

Gibt es irgendeinen Grund, einen Grund, der zugleich auch vor dem Anspruch der Vernunft bestehen kann, an ein Leben über den Tod hinaus glauben zu können? Glauben zu dürfen?

„... dann ist auch Christus nicht auferweckt worden!“

„Wenn es keine Auferstehung der Toten gibt, dann ist auch Christus nicht auferweckt worden“ (1 Kor 15,12f).

Ich habe viele Gründe gehört, gelesen, bedacht und mit anderen diskutiert. Keiner konnte genügen. Lange habe ich mich, sofern überhaupt, an einem einzigen festgehalten: Wir werden auferstehen, *weil Jesus Christus auferstanden ist*. So hörte ich es von klein auf in der Kirche, so lernte ich es in allen Fächern der Theologie. Doch der Zweifel, oder richtiger: der heimliche Unglaube blieb. Wer sagt mir denn, dass *Jesus* auferstanden ist? Ist nicht die Basis, auf der dieser Argumentation zufolge der Glaube an das ewige Leben des Menschen gründet, selbst unsicher? Ein Glaube an Unglaubliches also, der sich auf einen weiteren Glauben an Unglaubliches stützen muss?

Auch mit diesem Zweifel war ich nicht allein. Er begegnete mir als Seelsorger in den Herzen vieler Christen, der älteren wie der jüngeren Generation, immer und immer wieder; er begegnet mir bis heute ...

Und bei keinem Geringeren als bei Paulus, dem großen frühchristlichen Kämpfer für den Glauben an die Auferstehung, fand ich mich bestätigt. An die Gemeinde in Korinth, in der, wie der Apostel vermerkt, „einige sagen: Eine Auferstehung der Toten gibt es nicht", schreibt er klar und unmissverständlich: „Wenn es keine Auferstehung der Toten gibt, dann ist auch Christus nicht auferweckt worden" (1 Kor 15,12f).

Paulus argumentiert also umgekehrt! Nicht die Auferstehung Jesu ist der Grund, an die Auferstehung aller Toten zu glauben. Im Gegenteil: Kann ich nicht an die Auferstehung der Toten glauben, so fehlt mir auch die Basis, um an die Auferstehung Jesu glauben zu können. Dieser Gedanke ist für Paulus so wichtig, dass er ihn sofort wiederholt: „Gott hat Christus eben nicht auferweckt, wenn Tote nicht auferweckt werden. Denn wenn Tote nicht auferweckt werden, ist auch Christus nicht auferweckt worden" (1 Kor 15,15f).

Es muss demnach einen Grund geben, der noch hinter die Auferstehung Jesu zurückreicht. Einen Grund, der mich zu beidem erst berechtigt: zum Glauben an die Auferstehung Jesu wie zum Glauben an die Auferstehung aller Gestorbenen. Gibt es ihn, diesen Grund – oder gibt es ihn nicht?

Mit dieser Frage machte ich mich noch einmal auf den Weg und klopfte bei den Neutestamentlern unter den Theologen an. In ihren Büchern und Kommentarwerken hatte ich schon so oft Hilfe in meiner Suche nach Klarsicht und Glaubensvertiefung gefunden. Diesmal brachte mich ein Aufsatz von Karlheinz Müller, katholischer Bibelwissenschaftler an der Universität Würzburg, auf eine Spur – ich hatte sie nach der Zeit meines Theologiestudiums aus dem Blick verloren –, der ich dann in den neueren theologischen Veröffentlichungen nachgegangen bin.

In der Zeitschrift BIBEL UND KIRCHE, die das Katholische Bibelwerk Stuttgart für einen breiten Leserkreis herausgibt, fasste der Professor 1997 die diesbezüglich wichtigsten Ergebnisse der jahrzehntelangen Forschungen seiner Zunft zusammen. Zunächst räumt er uns, seinen christlichen Zeitgenossen, tolerant und großherzig ein: „Es muss dem Gewissen jedes einzelnen Christen überlassen bleiben, ob er sich die Freiheit nehmen will, die eine oder andere Lehre der späteren Kirche mehr oder weniger am Rande seiner christlichen Lebensanstrengung anzusiedeln ..." Doch dann stellt er kompromisslos klar: „In einem Falle ist ihm das jedoch nicht erlaubt. Wenn es nämlich um die Hoffnung auf eine Auferweckung der Toten geht." Und seine Begründung ist dieselbe, die Paulus einst den Korinthern gab: „Denn an dieser Hoffnung (an der Hoffnung auf die Auferweckung eines jeden Menschen also!, R. K.) hängt die einzige wirklich einhellige Überzeugung schon der ältesten christlichen Gemeinden: ihr Glaube an die Auferweckung Jesu von Nazaret aus den Toten."[47]

Aber, so fragte ich mich nun weiter: Woher nahmen denn Maria aus Magdala, Petrus, Jakobus, später Paulus und all die im Neuen Testament genannten und ungenannten Frauen und Männer der ersten Christengenerationen diesen Glauben? Worin war ihre Zuversicht begründet, dass Jesus lebt und – beides gehörte also, wie ich es schon bei Paulus gelesen hatte, für sie zusammen – dass auch sie als Auferweckte leben werden?

Was die Auferweckung Jesu betrifft, schien über Jahrhunderte hin die Antwort klar zu sein: Das leer aufgefundene Grab natürlich und die sichtbar erlebten Erscheinungen des Auferstandenen haben den Jüngerinnen und Jüngern von damals die Gewissheit gebracht, dass er lebt und sie hört, wenn sie zu ihm beten.

Heute freilich lassen nüchterne Überlegungen so manchen Christen an der Tatsächlichkeit dieser Ereignisse zweifeln, und provozierende Sätze wie: „Konkret gesprochen, war das Grab (Jesu) gar nicht leer, sondern voll" (Gerd Lüdemann)[48], plakativ vermarktet von Tageszeitungen und Illustrierten[49], oder: „Die Frauen haben eben nur irrtümlicherweise ein leeres Grab für das Grab Jesu gehalten" (Walter Simonis)[50] sorgen für Verunsicherung in katholischen wie in evangelischen und freikirchlichen Gemeinden. Richtig ist in der Tat, dass die Osterbotschaft des Neuen Testaments wohl differenzierter gelesen und verkündet werden muss, als wir bisher meinten. Auch ich habe diesbezüglich – schon während meines Theologiestudiums vor über dreißig Jahren – umlernen müssen, nicht zum Schaden, sondern rundweg zum Nutzen meines Glaubens.

Die Auskunft der Neutestamentler

Die älteste Formel des Urchristentums überhaupt hatte den Wortlaut: „Gott, der Jesus aus den Toten auferweckt hat."

Da wir heute wissen, zu etwa welcher Zeit welche neutestamentliche Schrift entstanden ist, können wir eine gewisse *Entwicklung* in der Weitergabe der Osterbotschaft unter den Christen des ersten Jahrhunderts ausmachen.

So fällt auf, dass in den Briefen des Paulus, die zwischen 50 und 55 geschrieben wurden, vom *leeren Grab* noch nirgends die Rede ist. Auch nicht in dem wesentlich älteren, schon sehr früh in Jerusalem oder Antiochien formulierten Glaubensbekenntnis, das Paulus in seinem Brief an die Korinther zitiert (1 Kor 15,3-5). Sollte der Apostel dennoch davon gewusst haben, so hat er zumindest weder seinen Glauben noch den Glauben seiner Gemeinden auf das leere Grab gegründet. Erst Markus wird in seinem um das Jahr 70 niedergeschriebenen Evangelium, sehr kurz und noch verhalten, von der Auffindung des leeren Grabes sprechen. Alle uns aus der Liturgie der Osterzeit vertrauten Texte vom leeren Grab finden sich nur in den noch einmal zwei bis drei Jahrzehnte später verfassten Evangelien des Matthäus und des Lukas, und dann im Johannesevangelium, das um die Jahrhundertwende entstand. Die Evangelienautoren greifen dabei freilich ältere Grabeserzählungen auf; diese gehen, heutiger Kenntnis nach, jedoch mit Sicherheit nicht bis auf die Urgemeinde zurück. Vergleicht man nämlich die Texte miteinander, so ergibt sich – jeder aufmerksame Bibelleser kann das selbst feststellen – ein recht uneinheitliches und sogar widersprüchliches Bild, das es schwer machen würde, daraus den tatsächlichen Hergang der Ereignisse vom Ostermorgen bis zur Himmelfahrt (von der nur Lukas spricht) zu rekonstruieren. Wir haben es also hier, darüber besteht kein Zweifel mehr, mit Glaubensaussagen in Form von recht spät entstandenen bildhaften Erzählungen zu tun, nicht mit historischer Berichterstattung im heutigen geschichtswissenschaftlichen Sinne.

Ähnliches gilt von den *Erscheinungen* des Auferstandenen. In dem von Paulus zitierten Glaubensbekenntnis aus Jerusalem oder Antiochien (s. o.) heißt es, dass Jesus „dem Kephas (= Petrus; R. K.) erschien, dann den Zwölf" (1 Kor 15,5); und Paulus selbst fügt hinzu: „Danach erschien er mehr als fünfhundert Brüdern zugleich", dann „dem Jakobus, dann allen Aposteln" (1 Kor 15,6-7). Nach dem Johannesevangelium erschien er aber zuerst Maria aus Magdala, nach Matthäus ebenfalls und dazu einer „anderen Maria". Und in beiden Evangelien bekommen die Frauen den Auftrag, den Männern im Jüngerkreis zu berichten, dass Jesus auferstanden und ihnen erschienen ist, erst danach werden auch die „Elf" ihm begegnen – nach Matthäus auf einem Berg in Galiläa, nach Lukas (der als einziger auch von einer Erscheinung vor den Emmausjüngern erzählt) dagegen in Jerusalem, nach dem Johannesevangelium zweimal in Jerusalem, ein drittes Mal am See Gennesaret ... (Der Markus-Schluss, Kapitel 16,9-20, wurde erst im zweiten Jahrhundert von dritter Hand angefügt, er fasst die Ostererzählungen der drei späteren Evangelien zusammen und stellt also keine eigene Überlieferung dar.) – Was ist denn da nun wirklich geschehen?

Professor Karlheinz Müller schreibt in seinem Aufsatz, sowohl bezüglich der Erscheinungserzählungen wie der Erzählungen vom leeren Grab: „Was die ... genannten Ostererzählungen angeht, so ist kein wissenschaftlich vernünftiger Zweifel daran möglich, dass sie ohne Ausnahme sekundäre Bildungen späterer urchristlicher Gemeinden sind ... Im einzelnen geht es diesen Erzählungen darum, in einer von den Ereignissen schon ziemlich weit entfernten Zeit den christlichen Glauben an die Auferweckung

Jesu aus den Toten zu bestätigen und zu erhärten."[51]

Im Klartext: Wir können heute tatsächlich nicht mehr mit Sicherheit sagen, ob das Grab Jesu leer war. Was bei der Auferstehung Jesu geschah, so sagte uns Theologiestudenten schon Heinz Schürmann, in Erfurt unser Lehrer für Neues Testament, ist ein Ereignis außerhalb von Raum und Zeit; hätte damals, so der Professor lächelnd, einer der Grabeswächter einen Fotoapparat dabeigehabt und Jesu Auferstehung fotografiert, wäre auf dem Bild kein Auferstehungsnachweis zu sehen gewesen. – Und auch was sich hinter dem Wort „er erschien (griech.: ófthe)" als historisches Geschehen wirklich verbirgt, wird wohl letztlich ein Geheimnis der ersten Christen bleiben müssen.

Worauf aber soll ich dann meinen Glauben an die Auferstehung Jesu, noch ganz zu schweigen vom Glauben an die Auferstehung der Toten überhaupt, gründen?

Die Bibelwissenschaftler (die redlichen, zu denen ich die allermeisten ihrer Zunft zähle) machen uns beileibe nicht den Glauben kaputt! Sie haben die neutestamentlichen Schriften nach Hinweisen durchforscht, die darüber Auskunft geben könnten, was denn nun – falls es nicht das leere Grab und nicht die mit den Augen sichtbaren Erscheinungen gewesen sein sollten – die Jünger und Jüngerinnen Jesu dazu gebracht haben mag, so entschieden und sicher, buchstäblich bis zum Einsatz ihres Lebens, an Jesu Auferstehung zu glauben. Und sie sind fündig geworden: Neben den relativ spät entstandenen Grabes- und Erscheinungs-Erzählungen der Evangelien gibt es, so fanden sie heraus, eine weitaus ältere Überlieferung der Osterbotschaft, die in unserer Verkündigung bisher zu wenig beachtet worden ist: die so genannten *Bekenntnisformeln*.

Das sind kurze, gleichlautend wiederkehrende Formulierungen, die von den Paulusbriefen an in fast allen neutestamentlichen Schriften enthalten sind. „Im Blick auf diese im Neuen Testament weit ausgefaltete Formeltradition", erläutert Professor Karlheinz Müller, „gibt es sofort ein Ergebnis zu berichten, an dem die Forschung mit überzeugenden Gründen derzeit ziemlich einhellig und unwidersprochen festhält. Die älteste Formel des Urchristentums und damit der älteste Satz des Urchristentums überhaupt hatte den Wortlaut: ‚Gott, der Jesus aus den Toten erweckt hat' bzw. ‚Gott hat Jesus aus den Toten erweckt'. ... Die Konstanz und geringe Variabilität der Formel sowie ihre weite Verbreitung im Neuen Testament ...[52] machen die Einsicht zwingend, dass es sich hier in der Tat um die älteste selbständige geprägte Formel des Urchristentums handelt."[53]

Wieder im Klartext: Die früheste Osterbotschaft sprach nicht vom Auffinden eines leeren Grabes und nicht von Erscheinungen, die für die leiblichen Augen sichtbar waren. Zumindest wurden diese Ereignisse, sollten sie tatsächlich geschehen sein, von den frühesten Verkündern des Auferstehungsglaubens nicht als Begründung ins Feld geführt und müssen also auch für sie selbst nicht von grundlegender Bedeutung gewesen sein. Die Botschaft, für die sie um Glauben warben und von der sie selbst überzeugt waren, hieß schlicht und einfach: „Gott hat Jesus aus den Toten erweckt!"

„Gott hat Jesus aus den Toten erweckt“

Ich glaube dir, Jesus, dass du lebst, weil ich dir deinen Gott glaube.

In diesem Satz – auch von Paulus wiedergegeben gleich im ersten seiner Briefe, in 1 Thess 1,10, und dann immer wieder bis hin zu seinem letzten Brief, in Röm 10,9 – ist sogar von „auf(er)stehen“ noch nicht die Rede. Nicht Jesus ist hier der Handelnde (der aufersteht), sondern *Gott* hat gehandelt. Er hat Jesus *erweckt*, wörtlich übersetzt: er hat ihn *aufgeweckt*; er hat an Jesus das getan, was man tut, wenn man jemanden aufweckt, der schläft. Die Wendung *aus den Toten* sagt, dass Jesus wirklich tot war, eben zu „den Toten“ gehörte – und aus diesem Todesschlaf, der damals in der Auffassung der meisten jüdischen Zeitgenossen ein dauernder und endgültiger war, hat Gott Jesus „aufgeweckt“.

Wohin und zu was für einer Art Leben hat Gott ihn aufgeweckt? Niemals sprechen die Texte des Neuen Testaments, auch nicht die Grabes- und Erscheinungserzählungen, von einer Rückkehr Jesu ins irdische Leben. Jesus ist von Gott nicht reanimiert worden. Er ist aufgeweckt worden – und, wie man bald auch formulieren wird, „aufgestanden“ – *in die Daseinsweise Gottes hinein*.

Und die Begründung für diesen Glauben? Gott! „*Gott* hat Jesus aus den Toten erweckt" – das genügte den frühchristlichen Verkündern als Begründung.

Für diejenigen, die Jesus von Nazaret erlebt und sein „Evangelium Gottes" (Mk 1,14) – das heißt wörtlich: seine „Frohbotschaft über Gott" – gehört hatten, war das Wort „Gott" ja noch mit einem ganz bestimmten Inhalt gefüllt. Gott, das war für sie der Gott JHWH, der ICH BIN DA ihrer Väter und Mütter, und diesen personalen Gott ihres Volkes Israel hatten sie durch Jesus als *Abba-Jahwe* verstehen gelernt, als den Gott, der sein Geschöpf, den Menschen, über alles liebt. Nur ein solcher Gott freilich konnte Grund – und Grund genug! – für sie sein, daran zu glauben, dass der hingerichtete Jesus nicht tot geblieben ist.

Hier sind wir nicht nur am zeitlichen Anfang des Urchristentums, hier sind wir am *Kern* des christlichen Glaubens an den auferstandenen, fortlebenden Jesus Christus überhaupt. Leeres Grab, sichtbare Erscheinungen her und hin: Im Letzten hängt alles davon ab, wie wir von Gott denken und was wir Gott zutrauen! Die Jünger und Jüngerinnen wie auch die Frauen und Männer, die sich ihrer Gemeinschaft bald anschlossen, haben an Jesu Auferweckung aus dem Totsein und an seine bleibende Gegenwart letztlich deshalb geglaubt, weil sie ihm *seinen Gott* geglaubt haben.

Und weil sie ihm seinen Gott geglaubt haben – nicht weil sie an etwas Unsterbliches am Menschen glaubten! –, haben sie auch daran geglaubt, dass ihre Verstorbenen leben über den Tod hinaus: dass auch sie von Gott „aufgeweckt" werden aus dem Totsein ins ewige Leben, in den „Himmel", in die Daseinsweise Gottes hinein. Denn für die Jüngerinnen und Jünger konnte Gott, wie er ihnen von Jesus als ein absolut liebender Gott verkündet und in eigener Person vorgelebt worden war, nur ein Gott sein, „der die Toten lebendig macht" (Röm 4,17). Das glaubten sie für alle Toten, das glaubten sie erst recht für den, der mit diesem Gott in tiefstem „Einssein" (s. vor allem Joh 17,20ff) gelebt hatte. Ein Gott, der rundum ein *Gott der Liebe* ist, *konnte* Jesus nicht im Tod gelassen haben. Niemanden kann er im Tod lassen, den er liebt!

Aus demselben Grund hat auch Paulus an die Auferstehung geglaubt, an die Auferstehung Jesu wie an die Auferstehung eines jeden Menschen. Der Apostel leitet diesen Glauben von der Erfahrung her, die ihm vor

Damaskus geschenkt wurde und die auch für ihn die „Mitte des christlichen Glaubens" (Papst Benedikt, s. S. 43) geworden war: Wenn Gott der ist, „zu dem wir rufen: Abba, Vater", ein Gott also, für den wir Menschen wie „Söhne und Töchter" sind (Gal 4 u. Röm 8), ein Gott der absoluten, bedingungslosen und, wie Papst Benedikt sagt, „vorleistungsfreien" Liebe (ebd., 44), dann will er uns für immer! Dann lässt er uns im Tod nicht ins Nichts fallen. Dann hat er seinen Jesus zum Leben auf ewig aufgeweckt, und dann weckt er jeden Menschen aus dem Todesschlaf zum Leben auf.

Brauchte es dann noch ein leeres Grab? Für die frühesten christlichen Verkünder, mindestens bis hin zu Paulus und Markus, jedenfalls (noch) nicht; das hat sich erst geändert, als die ursprüngliche Gottessicht Jesu in Vergessenheit zu geraten begann und wieder vom alten, ambivalenten Gottesbild überlagert wurde. Und wenn die urchristlichen Gemeinden in Jerusalem und Antiochien, wie Paulus es von ihnen überliefert bekam, sagen: „er erschien ..." (1 Kor 15,3-5) – noch ohne jede „szenische Entfaltung" (Hans Kessler)[54] –, sprechen sie dann nicht auf jeden Fall von dieser Überzeugung, wie auch immer Gott sie ihnen geschenkt und bestärkt haben mag?

Warum ich, Reinhard Körner, an den auferstandenen, bei Gott lebenden Jesus glaube? Ich habe mir lange darüber Rechenschaft gegeben. Nicht weil die Ostertexte im Lukas-, Matthäus- und Johannesevangelium von einem leeren Grab erzählen und nicht weil Jesus diesen Texten nach von den Jüngern mit leiblichen Augen als Auferstandener gesehen worden ist. Das ist nicht der Grund. Würde man eines Tages seine Gebeine finden – tatsächlich und zweifelsfrei die Gebeine des gekreuzigten Jeshua Bar Josef aus Nazaret –, ich wüsste dennoch: Sein Grab „ist leer" – so wie mein Grab „leer" sein wird. Er, der Jeshua aus Nazaret, ist aufgeweckt worden, ist aufgestanden aus dem Tod, er lebt bei Gott, so wie ich bei Gott leben werde, in seinem „Himmel".

Ich glaube dir, Jesus, dass du lebst, weil ich dir deinen Gott glaube. Wenn er der Gott der Liebe ist, wenn er so ist, wie du ihn als „Schatz" (Mt 13,44) im Herzen getragen hast, wenn er so ist, wie du ihn vorgelebt hast, dann hat er dich nicht im Tod gelassen! – Und dann wird er auch mich nicht und niemanden, den er liebt, in das Nichts fallen lassen.

Weil Gott sagt: „Du, du wirst nicht sterben!“

„Ich bin definitiv geliebt, und was immer mir geschieht – ich werde von dieser Liebe erwartet.“ (Benedikt XVI.)

Es gibt ein paar Menschen, von denen ich mir ganz sicher bin, dass sie großen Schmerz empfinden werden, wenn ich sterbe. Sie möchten mich nicht verlieren, ich bin ihnen viel wert, sie haben mich lieb. Besonders bewusst geworden ist mir das in und nach den langen Wochen meiner schweren Krankheit, als ich kaum noch eine Chance zu überleben hatte. Einer meiner religionslosen Freunde schrieb mir damals, als ich wieder auf dem Weg der Genesung war: „Du weißt ja, Reinhard, ich glaube nicht an Gott, und ich bete nicht. Aber ich habe in der Zeit, als du auf der Intensivstation lagst, oft an deinen Glauben gedacht. Und irgendwie habe ich in meinem Herzen mit daran geglaubt, dass dein Gott dich gesund werden lässt ..." – Wenn schon solche Menschen, normale, einfache Menschen, so sage ich mir heute, in ihrer Liebe zu mir denken und empfinden können: „Reinhard, du darfst nicht/du wirst nicht sterben!", sollte dann Gott, der große, unendlich liebende Gott zu weniger Liebe fähig sein? Sollte es dann Gott egal sein, ob ich – für immer – tot bin oder lebe?

Und wenn schon ich – mir ist der Tod meiner Freunde ja nicht weniger schmerzlich – eine solche aufständische Liebe gegen den

„Tod derer, die mir nah sind“ im Herzen habe, sollte ich sie dann Gott nicht zutrauen? Sie ihm gar absprechen?

Würde Gott nicht mindestens so empfinden wie meine Freunde und wie ich, dann wäre es nicht weit her mit seiner Liebe! Dann wäre er schlechter in seinem Charakter als diese Menschen. Und schlechter als ich. Und das kann ich mir nun wirklich nicht vorstellen! Wenn er mich liebt, dann wird er nicht sagen: So, lieber Reinhard, jetzt bist du 75, 80 oder 90 Jahre alt geworden – es war eine (mal mehr und mal weniger) schöne Zeit mit dir, nun ab ins Vergessen ...

Gott hat Jesus aus den Toten aufgeweckt. Er wird auch mich aufwecken und alle, deren Tod mir ein großer Schmerz ist. Das „weiß“ ich, das ist inzwischen, auch wenn der Weg bis dahin lang war, zur *Gewissheit* in mir geworden. „Ich bin definitiv geliebt“, schreibt Papst Benedikt in seiner Hoffnungs-Enzyklika, „und was immer mir geschieht – ich werde von dieser Liebe erwartet.“[55]

Ist es die Erfahrung dieser Gewissheit – einer, wie ich im Rückblick auf meine 57 Lebensjahre bekennen muss, empfangenen, nicht anerzogenen, nicht anstudierten, nicht selbst zurechtgemachten Gewissheit –, ist es diese als Geschenk erhaltene Gewissheit, die auch die frühen Christen meinen, wenn sie sagen, Jesus sei ihnen „erschienen“? Wenn ja: Es würde mir genügen.

Mein Grab wird leer sein

Wir sterben aus der Sterblichkeit in die unsterbliche Seinsweise Gottes hinein.

Ich baue darauf – gerade *weil* meine Erfahrung nicht weiter reicht als bis zur Todeslinie –, dass *mehr* ist hinter allem Dasein als das, was unsere evolutiv entstandenen, nur zu ausschnitthafter Erkenntnis fähigen Gehirne wahrzunehmen imstande sind. Von diesem „großen Geheimnis, das wir Gott nennen" (Karl Rahner) aber kann ich nicht mehr kleiner und geringer denken, als die von der Gottessicht Jesu erleuchtete Vernunft es fordert: das „Göttliche" muss ein *personaler* Gott sein, und dieser personale Gott muss ein Gott sein, *der nur lieben kann*.

Diese Gottessicht ist der Grund, warum ich daran glaube, dass die Liebe zwischen uns, die zu sagen fähig ist: „Du *wirst* nicht sterben!", kein Wunschdenken ist; dass unser Leben einem Ziel, nicht einem Ende entgegengeht; dass wir einander im Tod nicht verlieren. Der einzige Grund.

Angesichts der Endlichkeit des Daseins und angesichts der heute nicht mehr in Frage stellbaren Tatsache, dass der Tod ein Tod des ganzen Menschen ist, gäbe es für mich zu diesem Glauben, wie gesagt, nur eine Alternative: „Auge in Auge mit dem Nichts" zu leben, mit allen sich daraus ergebenden Konsequenzen für mein Denken, mein Handeln, mein Lieben – auch mit der Konsequenz, empfinden zu müssen wie Anne Philipe nach dem Tod ihres geliebten Ehemannes: „Heute lebe ich in einer blicklosen Welt. Mein Leben ist leer. Ich wusste, dass es so sein würde. Während all der Tage, von denen jeder der letzte sein konnte, sah ich dich an; ich wollte die Liebe sehen, und ich fand den Tod ..."[56]

Von Natur her ist am Menschen nichts unsterblich. Seine Seele wird ebenso wenig den Tod überleben wie sein sterbender Körper. Wenn aber diese unsere Natur sich einem *liebenden* Gott verdankt, dann darf ich einem solchen Gott zutrauen, dass er uns nach dem Ende des sterblichen Lebens ein neues, nicht mehr an die sterbliche Natur gebundenes Leben geben wird. Er wird uns „verwandeln", sagt Paulus in seinem Brief an die Korinther (1 Kor 15,51), unseren „irdischen Leib" in einen „überirdischen/himmlischen (wörtlich: *geistlichen*) Leib" (1 Kor 15,44). Wir sterben aus der Sterblichkeit in die unsterbliche Seinsweise Gottes hinein.

Dass ich in der neuen Seinsweise, die wir „Himmel" nennen, derselbe Reinhard sein werde, der ich jetzt bin, das garantiert Gottes Liebe. Wenn es ihm um mich geht, wirklich um mich, dann werde *ich* in seiner Ewigkeit leben, ich in meiner personalen Identität.

Die Christen der Frühzeit haben das, wie Paulus, mit dem Wort „Leib (griechisch: soma)" zum Ausdruck gebracht. In ihrem Sprachempfinden war mit *Leib* nicht dasselbe wie Körper gemeint: Der Körper, das sind die Organe eines Lebewesens; der Körper endet an der äußeren Hautschicht. „Leib" aber meint alles, was zu einem Menschen gehört und was einen Menschen ausmacht, was ihm von innen und was ihm von außen „unter die Haut gegangen" ist: was er im Laufe seines Lebens erlebt und gelebt hat, was ihn geprägt und zur konkreten Person gemacht hat, was ihn unverwechselbar und einmalig macht unter allen Menschen. Von der „Auferstehung des Leibes sprechen", schrieb Joseph Ratzinger in seinem erstmals 1977 erschienenen Buch ESCHATOLOGIE – TOD UND EWIGES LEBEN, das die theologische Reflexion der vergangenen dreißig Jahre stark mitgeprägt hat, ist „etwas anderes als Wiederkehr der ‚Körper' nach der Weise dieser Welt."[57] Leib, das ist in der christlichen Glaubenssprache ein Ganzheitsbegriff. Der Leib, das bin *ich* – in der Originalität und Identität meiner Persönlichkeit, mit meinem Denken und Fühlen, mit meiner

Beziehungsfähigkeit, mit meiner Biografie, mit meiner Kreativität, mit meinem Lieben ...

Wenn in der Geschichte des Christentums schon sehr bald auch von der „Seele" gesprochen wird, die Gott in die Ewigkeit aufnimmt, so ist damit ebenfalls der Mensch in seiner Identität gemeint. „Der Begriff der Seele", auch darauf hat der jetzige Papst Benedikt im genannten Buch ausdrücklich hingewiesen, „ist ein streng christlicher Begriff"[58]; die Seele dürfe nicht im Sinne des Leib-Seele-Dualismus als (wie auch immer betrachteter) *Teil* des Menschen verstanden werden, und wenn von der „Unsterblichkeit der Seele" die Rede ist, dann sei damit nicht gemeint, dass die menschliche Psyche aus sich heraus unsterblich sei, sondern dass der von Gott zum ewigen Leben *auferweckte Mensch* nicht mehr sterblich ist – weil Gott ihm dann unsterbliches Sein *geschenkt* haben wird.[59]

Deshalb darf ich sagen: Mein Grab wird leer sein! Auch wenn mein Körper, einschließlich der an ihn gebundenen Psyche, gestorben ist und im Grab verwest, so werde doch *ich* – in biblischer Sprache: mein *Leib*; in christlich-traditioneller Sprache: meine *Seele* – nicht im Grab, sondern bei Gott sein; und zwar nicht, weil ich unsterblich wäre, sondern weil Gott mich dann „aufgeweckt" und unsterblich *gemacht* haben wird.

„Und werde ich dann bei Gott auch alle meine Lieben wiedersehen?", fragte einmal eine Frau den alt gewordenen großen evangelischen Theologen Karl Barth (1886-1968). „Ja", antwortete der, „Sie werden Ihre Lieben wiedersehen, und auch alle Ihre Nicht-Lieben."[60]

Unser aller Gräber, Grüfte und Urnen werden leer sein.

Und dann? – Nicht auszumalen!

Auch mir genügt es, in der Gewissheit zu leben, dass Gott meinen Lieben, meinen „Nicht-Lieben" und mir ewiges Leben schenken wird.

Doch, aufgeweckt werden aus dem Tod, wie ist das denkbar, wie soll das gehen? Und wie ist der auferweckte Mensch dann beschaffen, wie sieht der „Leib" – oder die „Seele" – dann aus, wie soll man sich denn das vorstellen?

Fragen, die schon die Christen der Frühzeit stellten. Beantwortet hat sie damals allerdings niemand, jedenfalls keiner der Autoren der 27 Schriften, die später zum Neuen Testament zusammengefasst wurden. Paulus hat eine Frage dieser Art sogar zurückgewiesen (bevor er dann doch, sehr kurz, darauf eingeht): „Nun könnte einer fragen", schreibt er in seinem Brief an die Korinther, „wie werden die Toten auferweckt, was für einen Leib werden sie haben?" Seine Antwort: „Was für eine törichte Frage!" (1 Kor 15,35f).

Oder: Was erwartet uns bei Gott? Was wird *nach* der Auferweckung sein, und *wie* wird es dann sein? Fragen, die auch heute viele Christen stellen, nicht selten verbunden mit Angst vor Gott und mit Sorge um ihr ewiges Seelenheil.

Schon zu Beginn des Briefes hatte Paulus klargestellt: „Wir verkündigen, wie es in der Schrift heißt (er bezieht sich auf Jes 64,3; R. K.), was kein Auge gesehen und kein Ohr gehört hat, was keinem Menschen in den

Sinn gekommen ist: das Große, das Gott denen bereitet hat, die ihn lieben" (1 Kor 2,9). Das gilt grundsätzlich, wie er an gleicher Stelle schreibt, für „das Geheimnis der verborgenen Weisheit Gottes", das er und seine Gefährten zu verkünden haben. Und das gilt erst recht für das, was uns nach dem Tod erwartet, für das, was „Gott vor allen Zeiten vorausbestimmt hat zu unserer Verherrlichung" (ebd. 2,7).

Dementsprechend sind Paulus, die Autoren der vier Evangelien und alle uns bekannten frühchristlichen Verkünder sehr zurückhaltend in diesen Dingen; keiner von ihnen hat uns das Jenseits ausgemalt, und auch Jesus selbst hat das, ihrer Überlieferung nach, nie getan.

Denen, die Jesus gehört hatten, genügte es zu wissen, dass Gott sie liebt wie ein Vater seine Töchter und Söhne und dass ein *Abba*-Jahwe keines seiner Kinder im Totsein lassen wird. Die Fragen nach dem Was und Wie, vor allem die ängstlichen und besorgten Fragen, wurden erst gestellt – und erst beantwortet –, als die Gottessicht Jesu in Vergessenheit geraten und immer mehr von der Vorstellung überlagert worden war, Gott sei nicht nur ein liebender, sondern zugleich auch ein strafender und rächender Gott. Wer mit einem solchen ambivalenten Gottesbild lebt, dem ist Gott freilich nicht ganz geheuer; der *muss* ängstlich fragen: Wie wird es sein, wenn ich einmal vor Gott stehe? Und dann sind natürlich nicht nur die Fragen „töricht“, sondern noch törichter die Antworten! So töricht, dass sie über Jahrhunderte hin in den Menschen die Angst vor der Begegnung mit Gott noch verstärkten und regelrecht schürten. Keines der Fächer der Theologie hat im Laufe der Jahrhunderte derart peinliche „Antworten“ hervorgebracht wie die Eschatologie, die „Lehre von den letzten Dingen“, und kein Thema der Glaubensverkündigung hat soviel Unheil in den Menschenherzen angerichtet wie die Predigten und Katechesen über das, was nach dem Tod kommt. Deshalb „müssen auch die Christen“, so Papst Benedikt in seiner Enzyklika ÜBER DIE CHRISTLICHE HOFFNUNG, „neu lernen, worin ihre Hoffnung wirklich besteht, was sie der Welt zu bringen und nicht zu bringen haben. In die Selbstkritik der Neuzeit muss auch eine Selbstkritik des neuzeitlichen Christentums eingehen, das von seinen Wurzeln her sich selbst immer wieder neu verstehen lernen muss.“[61]

Das Neue Testament spricht, wenn es den Blick auf das Danach richtet, von Himmel und Hölle, von Gericht und von ewigem Leben, und die Theologie schon recht früh vom Fegefeuer. Aber nichts davon wird ausgemalt. Das tun, in Wort und Bild, erst spätere Glaubensverkünder, und dann nicht selten so stark unter dem Einfluss des wiedererwachten ambivalenten Gottesbildes, dass wir heute in der Tat genau hinschauen müssen, was davon christlich und was zwar abendländisch-religiös, aber letztlich unchristlich ist.

Was mich persönlich betrifft, so kann ich heute, nachdem ich den christlichen Glauben wieder „von seinen Wurzeln her" (s. o.) zu verstehen begonnen habe, sagen: Auch mir genügt es, in der Gewissheit zu leben, dass Gott meinen Lieben, meinen „Nicht-Lieben" und mir ewiges Leben schenken wird. Ich weiß, um mit Elisabeth von Dijon (1880-1906) zu sprechen, einer Zeitgenossin von Thérèse von Lisieux und Karmelitin wie sie: „Ich gehe zum Licht, zur Liebe, zum Leben ..."[62]

Die Gewissensfrage

Ja, heißt also meine Antwort auf die Frage, die mir zur Gewissensfrage wurde. Ja, ich bin mir sicher, dass Gott da ist und dass es ein ewiges Leben für uns gibt.

Freilich, ich kenne nach wie vor auch die Momente, in denen sich mir die Frage aufdrängt: Wird es *wirklich* so sein? Das ist jene Portion Zweifel, der jeder Glaubende ausgesetzt bleibt, jenes „Salzwasser des Zweifels ..., das ihm der Ozean fortwährend in den Mund spült", wie Joseph Ratzinger schrieb (s. S. 32); es ist nun einmal „die Grundgestalt menschlichen Geschicks, nur in dieser unbeendbaren Gestalt von Zweifel und Glaube, von Anfechtung und Gewissheit die Endgültigkeit seines Daseins finden zu dürfen" (ebd.). Dazu stehe ich, und ich verdränge diesen Zweifel nicht; ich nehme ihn zum Anlass, mich erneut mit Herz und Verstand meiner Gewissheit zu vergewissern.

In einer Gesprächsrunde mit evangelischen Pfarrerinnen und Pfarrern wurde ich unlängst gefragt: „Sie durchdenken den Glauben sehr ehrlich, Sie schenken sich nichts, auch dem Zweifel des Unglaubens, den Argumenten des Atheismus und dem Lebensgefühl heutiger religionsloser Menschen weichen Sie nicht aus – und zugleich sind Sie sich so sicher, dass es ein Leben nach dem Tod gibt? Machen Sie sich da nicht selbst etwas vor? Ist nicht ohnehin ein Leben mit Gott im Zeitalter der Vernunft und der Wissenschaft, nach Aufklärung, Religionskritik und Theismusdebatte redlicherweise nur noch als ein ‚Leben, *als ob* es Gott gibt' möglich? Und als ein ‚Leben, *als ob* es ein ewiges Leben gäbe'?" – Ich hatte eine solche Frage nicht erwartet, jedenfalls nicht aus diesem Kreis; die meisten in der Runde wohl auch nicht. Ich war für den Augenblick so irritiert, dass ich nicht mehr weiß, wie ich geantwortet habe. Aber sie ging mir lange nach, diese Frage; sie wurde mir zur Gewissensfrage, und es war gut, dass ich mich ihr noch einmal stellen musste ... Warum, ja, warum bin ich mir da so sicher? B*in* ich mir denn so sicher? Oder mache ich mir tatsächlich selbst etwas vor? – Heute würde ich antworten: „Auch wenn es unkonventionell sein mag, sich so eindeutig zu äußern: Ja, ich *bin* mir sicher in meinem Glauben an Gott und an das ewige Leben!"

Was das „Zeitalter der Wissenschaft" betrifft, so bin ich dankbar, gerade in einer solchen Zeit leben zu dürfen! Ich meine, von mir sagen zu können, dass ich die wichtigsten Erkenntnisfortschritte in den Naturwissenschaften mit Wissensdurst und großem Interesse verfolge. Bis hin zu den gegenwärtigen Ergebnissen der Kosmos-, der Evolutions- und der Hirnforschung habe ich immer versucht, wenigstens einigermaßen auf dem Laufenden zu bleiben. Aber aus diesen Erkenntnissen den Schluss ziehen zu müssen, Gott könne es nicht geben, das halte ich für alles andere als vernünftig. *Meiner* Vernunft verbieten es die Erkenntnisse der Naturwissenschaften sogar, das Dasein Gottes auszuschließen.

Verstehen kann ich durchaus, dass einem naturwissenschaftlich geprägten Menschen der Gottesglaube *dann* als unvernünftig erscheinen muss, wenn er sich Gott lediglich als ein „Höheres Wesen" unter allen anderen Wesen innerhalb der naturgesetzlichen Daseinswelt vorstellt: als die „allesumfassende Energie" zum Beispiel, aus der alle Einzelwesen bestehen, oder gar als ein raumzeitlich lokalisierbares Wesen im Universum oder um das Universum und die „Multiversen" herum; in diesem Sinne ist Dietrich Bonhoeffer (1906-1945) nur zuzustimmen, wenn er sagt: „Ein Gott, den ‚es gibt', gibt es nicht."[63] Verstehen kann ich erst recht, dass ein Mensch von heute an einen Gott nicht glauben kann, den er in seinem religiösen Umfeld als den „Lückenbüßer" kennen gelernt hat: als einen Gott, der für das noch Unerforschte und Unerklärbare herhalten muss – oder gar als den himmlischen „Aufpasser“, der damit beschäftigt ist, über die Gefährdungen und Nöte der Menschen zu wachen und über ihre guten und bösen Taten Buch zu führen. Ein solcher „Gott“ steht freilich im Widerspruch zu Wissenschaft und Vernunft. Von einem *solchen* „Gott“ habe auch ich mich verabschiedet, als ich mich entschloss, atheistisch zu leben, und ihm habe ich mich *nicht* wieder zugewandt, als ich vom Atheisten zum Christen wurde.

Der „Gott und Vater Jesu Christi“ (2 Kor 1,3 u. ö.) aber, der Gott *über* allen Wesen der naturgesetzlichen Daseinswelt, der Gott, der (so lehren es Philosophie und theologische Gottes-Reflexion seit mindestens zwei einhalb Jahrtausenden!) nur als eine *transzendente* Wesenheit gedacht werden darf, die nicht Teil des kosmischen Daseins ist, sondern das Dasein als Ganzes trägt, ja der Gott, der *Person* ist und *nur lieben kann* – dieser Gott steht der Vernunft nicht entgegen. Ganz im Gegenteil: Er gibt den Erkenntnissen der Naturwissenschaften, werden sie zusammen mit diesem Gottesbild reflektiert, erst Logik und Sinn! (Was freilich näher darzustellen wäre, aber das würde hier den Rahmen sprengen.[64])

Und der Glaube an ein Aufgewecktwerden zum ewigen Leben ist doch dann, wie bereits ausgeführt, die geradezu logische Konsequenz!

Und was die Vernunft selbst betrifft: Gerade heute, nachdem wir wissen, dass unser Erkenntnisvermögen evolutiv entstanden und in seiner Erkenntnisfähigkeit sehr begrenzt ist, dürfen wir doch unsere intellektuelle und rationale Fassungskraft nicht zum Maßstab für die Beantwortung der Frage machen, was Wirklichkeit ist und was nicht! Im Gegenteil: Die Vernunft, die trotz aller Begrenztheit dazu in der Lage ist, über das hinaus zu fragen, was für unsere Jäger-und-Sammler-Existenz zur Orientierung nötig ist, gebietet uns sogar, mit einem „Mehr" hinter allem Dasein zu rechnen, zumindest aber dessen Möglichkeit nicht auszuschließen. Der Wirklichkeit von vornherein Grenzen zu setzen oder gar Denkfaulheit haben mit Vernünftigkeit nichts zu tun! „Ich kann mir nichts Faszinierenderes denken", resümierte an seinem 75. Geburtstag der Theologe und Kurienkardinal Walter Kasper, „als Gott zu denken. Gott ist etwas, was über alles Denken hinausgeht. Und das, was über alles Denken hinausgeht, noch einmal ins Denken zu erheben, das ist die große Herausforderung."[65]

Mögen andere anderer Meinung sein: Hinter diese Höhe des Vernunft-Denkens – wie es mir übrigens besonders eindrucksvoll auch bei Johannes vom Kreuz begegnet ist[66] – möchte und *kann* ich nicht mehr zurück.

Aber das Vernunft-Denken allein ist es nicht, was mich im Glauben an Gott und an das ewige Leben so sicher macht. Was die Vernunft denkt und schlussfolgert – das weiß gerade der wissenschaftlich Orientierte –, muss sich in der Wirklichkeit ja nicht bewahrheiten; die Vernunft allein kann auch zu irrealen Denk-Ergebnissen kommen. Erst Erprobung und Erfahrung verifizieren das Gedachte. Dass die Vernunft nicht täuscht, lehrt also auch mich letztlich erst die Erfahrung. Die aber zeigt mir: Das Jetzt, das „Leben vor dem Tod", ist anders, wenn ich es lebe im Blick auf mein „Leben nach dem Tod". Ganz anders! Und diese Erfahrung gibt mir die Gewissheit, dass wahr ist, woran ich – vernunftbegründet – glaube.

Selbstverständlich bin ich mir völlig darüber im Klaren, dass sich Gott nicht beweisen lässt, und das ewige Leben schon gar nicht. So betrachtet, kann ich redlicherweise tatsächlich nur leben, „als ob es Gott gibt". Ich lebe mit dem *geglaubten Gott*, nicht mit einem bewiesenen Gott. Und deshalb habe ich für jeden Menschen Verständnis, der areligiös lebt (zumal ich diese Denk- und Lebensweise ja selbst kennengelernt habe). Doch das heißt nicht, dass meine innere, persönliche Hinwendung zu Gott – mein Beten zu ihm, mein Vertrauen auf ihn, meine (wenn auch armselige) Liebe zu ihm – unter dem Vorbehalt steht: „falls es dich, Gott, geben sollte". Wenn sich etwas von selbst verbietet, dann dies! Wer mit einem „non-theistischen Gottesbild" lebt, also an „etwas Göttliches" im unpersonalen Sinne glaubt, dem mag das möglich sein. Ist Gott für mich aber Person, ja liebende Person, dann muss ich ihn als solche ernstnehmen. Was täte ich ihm und mir sonst an! „An Gott glauben" mag auf der rein gedanklichen Ebene bedeuten, Gottes Existenz für möglich oder für wahrscheinlich halten; im persönlich-existenziellen Vollzug aber heißt „an Gott glauben", ihn als *wahr* nehmen und ohne jedes „falls" und „als ob" mit ihm von Ich zu Du in Beziehung leben.

Und gerade weil ich Gott als *wahr* nehme, mit ihm in Herz und Verstand „Umgang pflege wie mit einem Freund" (Teresa von Ávila), kann ich ihn *wahrnehmen*. Dann erst sind mir die Augen geöffnet für die tausend Zeichen seiner Anwesenheit mitten in meinem Alltagsleben. Gerade deshalb weiß ich – „ohne zu wissen, wie ich es weiß" (Johannes vom Kreuz) –, dass er wirklich da ist. So kann ich mich seiner auch im Moment des Zweifels wieder vergewissern und *ihm glauben*, dass er selbst sich danach sehnt, endgültig und für immer sein ewiges Leben mit mir zu teilen, mit mir, meinen Lieben und meinen Nicht-Lieben – weit, weit mehr, als *ich* mich nach dem ewigen Leben bei ihm sehnen kann.

Ja, heißt also meine Antwort auf die Frage, die mir zur Gewissensfrage wurde. Ja, ich bin mir sicher, dass Gott da ist und dass es ein ewiges Leben für uns gibt.

In die richtige Richtung glauben

Nur das Gottes- und Menschenbild Jesu ist der Schlüssel zum rechten Verständnis der Bibeltexte – auch der Worte und Bilder, mit denen wir von dem sprechen, was nach dem Tod kommt.

Wie das menschlich Unvorstellbare, das „Verwandelt“-Werden in die „himmlische“ Seinsweise hinein, geschehen wird, das kann ich dann seelenruhig dem überlassen, an den ich glaube und dem ich vertraue. Dem, der alles, was da ist, ins Dasein gesetzt hat. Wie sollte es ihm, dem „Schöpfer aller Dinge“, nicht möglich sein zu sagen: „Seht, ich schaffe alles neu“ (Offb 21,5)! Er, der in der einen Hand das hält und trägt, was er als Natur ins Dasein gesetzt hat, wird mich im Moment des Todes in die andere Hand nehmen, mit der er das Über-Natürliche, „Himmlische“ erschafft, hält und trägt.

Und *was* dann kommt, das kann, bei einem Gott, der liebt, ja doch nur Gutes sein, unausdenkbar Gutes. Auch einem Menschen, der mich mag und mir ein echter Freund ist, glaube ich doch, dass er ganz Schönes für mich vorbereitet hat, wenn er mich zu sich einlädt. Dass er mir Schlimmes antun könnte, brauche ich nicht zu befürchten; nicht mit Angst und Sorge, sondern mit freudiger Erwartung gehe ich zu ihm.

Warum also weitere Fragen? Warum will auch ich mir dennoch gern ausmalen, was sich niemand ausmalen kann?

Weil ich in die richtige Richtung glauben möchte. Ich möchte mir – und anderen, für die ich Seelsorger bin – Klarheit darüber verschaffen, was im Sinne Jesu gemeint ist, wenn von Worten wie Gericht, Fegefeuer, Himmel und Hölle die Rede ist. Und dazu gibt es Anlass genug.

Es ist ja doch ein Unterschied, ob vor den Ziffern in der Haushaltsrechnung, für die ich in unserem Kloster zuständig bin, ein Plus oder ein Minus steht, zumal wenn es die Jahresendsumme betrifft: Ein Plus vor den Ziffern macht meine Mitbrüder und mich froh, ein Minus macht uns besorgt. Und so macht es auch einen Unterschied, ob den biblischen und theologischen Hauptworten, mit denen wir Christen vom Todes-Nachher sprechen, die Gottessicht Jesu oder das noch immer verbreitete Bild eines Gottes mit zwei Seiten vorangestellt ist. Je nach „Vorzeichen“ können die Worte Gericht, Fegefeuer und Hölle Angst machen – furchtbare Angst – oder froh machen; und die Worte Himmel und ewiges Leben können abschreckende Langeweile hervorrufen oder eine Zuversicht wecken, die jetzt schon alles in ein neues Licht rückt. Als ich meinen Eltern am Tag ihrer Goldenen Hochzeit den Gottesdienst gehalten und in der Predigt über unsere Zukunft in Gottes

Ewigkeit gesprochen hatte (ein bisschen „ausgemalt“ hatte ich sie schon!), sagte mein Vater mit strahlenden Augen: „Junge, so wie du redest, da kann man ja richtig mit Freude auf's Sterben zugehen!“

Biblische Texte, so betont der Münchner katholische Religionsphilosoph Eugen Biser (geb. 1918) immer wieder, müssen *„auf ihre* Mitte *hin* gelesen werden ... Die aber bildet zweifellos die Gottesverkündigung Jesu.“[67] Nur das Gottes- und Menschenbild Jesu ist das legitime „Vorzeichen“ und der Schlüssel zum rechten Verständnis der Bibeltexte – und damit aller christlichen Glaubenslehren, auch der Worte und Bilder, mit denen wir von dem sprechen, was nach dem Tod kommt.

Dennoch: Paulus hat recht. Wenn ich frage: W*as* wird dann sein, und *wie* wird es dann sein?, frage ich nach etwas, „was kein Auge gesehen und kein Ohr gehört hat“. Vorsicht ist also geboten und Zurückhaltung, will ich nicht „im Drüben fischen“ (Ernst Bloch). In die richtige Richtung denken wollen, nur darum darf es gehen. Aber gerade das ist *auch* geboten! Weil nämlich die Vorstellungen, die wir vom Ziel unserer Lebensfahrt haben – solche wie solche –, für die Bootsfahrt selbst von Bedeutung sind! Für das Leben im Jetzt, für unser Miteinander an Bord, für das persönliche und das gemeinsame Erleben der Fahrt sowohl bei Seesturm wie bei blauem Himmel ...

Nur kurz will ich also die Richtung andeuten, in die ich zu glauben gelernt habe, nicht mehr. Als Navigationshilfe gewissermaßen, für mich selbst und für die, „die mir nah sind"; für alle neben mir im Boot, die darauf bauen, dass hinter dem Horizont die Wirklichkeit nicht zu Ende ist ...

Gott wird geraderichten

Er wird geraderichten, was wir angerichtet haben. Er wird aufrichten – Opfer und Täter.

Wenn Gott den Menschen liebt, dann gehen von vornherein alle Nach-Tod-Vorstellungen in die falsche Richtung, die mit einem göttlichen Strafgericht rechnen. Deshalb sind, gemäß dem Auftrag des Zweiten Vatikanischen Konzils, Ende der 1960er Jahre die so bedrohlich wirkenden Gesänge DIES IRAE und LIBERA ME aus der katholischen Liturgie des Totengedenkens gestrichen worden, ebenso all jene Bestandteile, die wenig geeignet erschienen, das christliche Verständnis vom Gericht Gottes auszudrücken, oder die sehr archaische Jenseitsvorstellungen enthielten.[68] Mein Ordensvater Johannes vom Kreuz hatte diese erfreuliche Entscheidung der katholischen Kirche für sich selbst schon vor mehr als vierhundert Jahren vorweggenommen: Als er 1591 im Kloster Úbeda/Andalusien auf dem Sterbebett lag, unterbrach er die im Rituale vorgeschriebenen Gebete der Mitbrüder mit der Bitte: „Lest mir, Brüder, aus dem Hohenlied vor! Die Sterbegebete passen hier nicht." Und er hörte die Worte aus dem HOHENLIED DER LIEBE und sagte wiederholt: „Was für kostbare Perlen ..."[69]

Wenn das Neue Testament mit einem uralten Bild aus der Entstehungszeit des Volkes Israel vom „Gericht" Gottes spricht, meint es nicht etwas Schreckenerregendes, sondern etwas höchst Erfreuliches: Es gibt einen, wenigstens einen, vor dem die Wahrheit zählt! Wenigstens einen, vor dem die Wahrheit nicht verborgen bleiben und nicht parteiisch verbogen werden wird! Einen, der das himmelschreiende Unrecht, das Menschen einander antun, weder kalt und teilnahmslos verurteilen noch mit „Liebe“ zudecken, sondern schonungslos-liebend aufdecken wird; der zu Schulderkenntnis und Reue führt, bevor er vergibt! Einen, vor dessen Angesicht ich mich auch vor der Wahrheit meines eigenen Lebens nicht fürchten muss ... – Eine wirklich höchst erfreuliche Aussicht inmitten einer Welt voller Lüge und Ungerechtigkeit, voller abgrundtiefer Bosheit und Verbohrtheit, voller Unwahrheit, die uns oft so hilflos macht!

Die Gerichtsworte des Neuen Testaments gehören zur *Frohbotschaft* Jesu. Wer sie als Drohbotschaft empfindet – und als solche gar verkündet –, der hat sie nicht „auf ihre Mitte hin“ gelesen; der hat sie mit dem falschen Vorzeichen gehört. Mit den Worten von Papst Benedikt ausgedrückt: „In der Entwicklung der Ikonographie des Gerichts ist ... freilich immer stärker das Drohende und

Unheimliche des Gerichts hervorgetreten, das die Künstler offenbar mehr faszinierte als der Glanz der Hoffnung, die von der Drohung wohl oft allzu sehr verdeckt wurde."[70] Und diese Feststellung, so ist hier zu ergänzen, bezieht sich nicht nur – und beileibe nicht zuerst – auf die Bild-Künstler, sondern auf so manche „Wort-Künstler" ebenso, in der Vergangenheit wie in der Gegenwart.

„Das Bild des Letzten Gerichts", so Benedikt, „ist zuallererst nicht ein Schreckbild, sondern Bild der Hoffnung, für uns vielleicht sogar das entscheidende Hoffnungsbild."[71]

„Aber", so Benedikt weiter, „ist es nicht doch auch ein Bild der Furcht? Ich würde sagen: ein Bild der Verantwortung. (...) Gott ist Gerechtigkeit und schafft Gerechtigkeit. Das ist unser Trost und unsere Hoffnung. Aber in seiner Gerechtigkeit ist zugleich Gnade. Das wissen wir durch den Blick auf den gekreuzigten und auferstandenen Christus. Beides – Gerechtigkeit und Gnade – muss in seiner rechten inneren Verbindung gesehen werden. Die Gnade löscht die Gerechtigkeit nicht aus. Sie macht das Unrecht nicht zu Recht. Sie ist nicht ein Schwamm, der alles wegwischt, so dass am Ende dann eben doch alles gleich gültig wird, was einer auf Erden getan hat."[72] Von einer „billigen Gnade" also, vor der Dietrich Bonhoeffer warnte – denn sie würde eine „Rechtfertigung der Sünde und nicht des Sünders" bedeuten[73] –, kann bei einem solchen Verständnis vom Gericht Gottes keineswegs die Rede sein.

Der Gott, der, wie Paulus betont, der „Gott und Vater (Abba!) Jesu Christi" (2 Kor 1,3 u. ö.) ist, wird in dem, was wir das Gericht nennen, nicht als Strafrichter und schon gar nicht als Scharfrichter fungieren. Er wird *geraderichten*, was wir angerichtet haben. Er wird *aufrichten* – Opfer und Täter: den, der niedergemacht wurde, und den, der sich selbst durch seine Taten entwürdigt hat. Er wird *wiederherrichten*, was schief und krumm geworden und durch unsere Schuld entzweigegangen ist ...

Das Gericht, schrieb der katholische Theologe Romano Guardini (1885-1965) einmal einem Freund, „ist das letzte Werk der Liebe (Gottes) – Vollendung der Liebe"[74].

Seit mir das klar ist, ist für mich der Blick auf die Ewigkeit frei, und mehr noch als auf den Himmel freue ich mich auf Gottes Gericht. Nicht nur, weil dann geradegerichtet und geheilt werden wird, was an *mir* verbogen worden ist. Kurt Marti, der Dichterpfarrer, hat mit wenigen Worten zum Ausdruck gebracht, was der noch tiefere Grund ist, weshalb ich mich nach dem göttlichen Richter in manchen Stunden regelrecht sehne:

FRAGE

Manchen bin ich einiges,
einigen bin ich vieles schuldig geblieben.

Und die Zeit läuft davon.
Wessen Liebe kann das noch gutmachen?

Die meine nicht.
Nein, die meine nicht.[75]

„ ... wie durch Feuer hindurch"

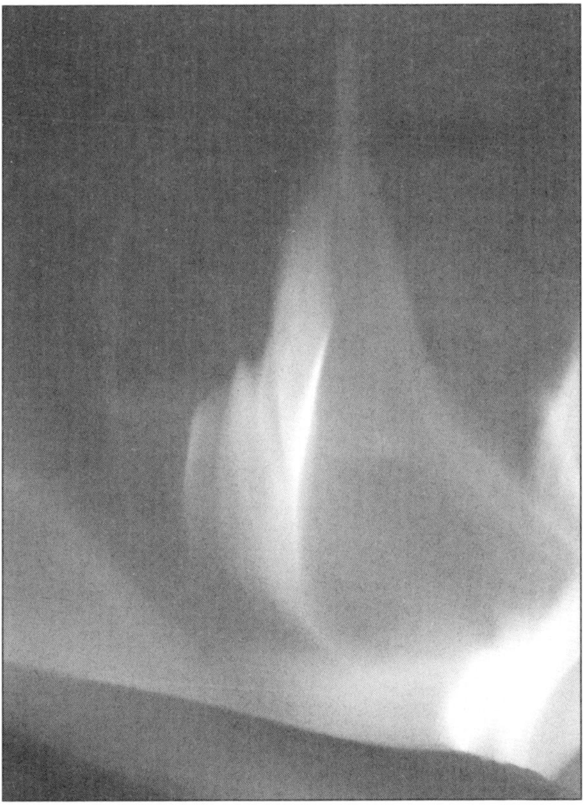

Sein Blick, die Berührung seines Herzens heilt uns in einer gewiss schmerzlichen Verwandlung „wie durch Feuer hindurch".

Und nicht einen einzigen Menschen wird Gott mit dem bestrafen, was wir das Fegefeuer nennen. Die Vorstellung, Gott lasse die Seele vor ihrer Aufnahme in den Himmel an einem jenseitigen Ort eine Zeitlang die Strafe für begangene Sünden erleiden, hat ein unchristliches Gottesbild zur Voraussetzung. Was da wie Feuer brennen wird, ist Gottes Liebe!

Noch einmal Paulus: „Das Werk eines jeden wird offenbar werden; jener Tag wird es sichtbar machen, weil es im Feuer offenbart wird. Das Feuer wird prüfen, was das Werk eines jeden taugt"; wie Gold und Silber im Feuer gereinigt werden von Holz, Heu und Stroh, schreibt er den Korinthern, so werde auch der Mensch gereinigt „wie durch Feuer hindurch" (1 Kor 3,12-15). Von diesem Paulus-Wort her haben die Vätertheologen (mindestens seit Origines, gest. 253) die Fegefeuer-Lehre entwickelt.

Sie dachten dabei weder an einen jenseitigen Ort noch an eine Zeitspanne und schon gar nicht an eine Bestrafung durch Gott. Was sie mit dem lateinischen Wort *purgatorium* – zu Deutsch: Reinigung (ein Reinigungsgeschehen, nicht ein Reinigungsort!) – benannten, ist ein Geschehen zwischen Gott und dem Menschen im Moment des Gerichts. Fegefeuer, das ist eine Beziehungserfahrung: eine Erfahrung, wie sie auch zwei Menschen jetzt, im „Leben vor dem Tod", in ihrer Beziehung zueinander machen können. Im Rückblick auf meine eigene Biografie habe ich sie wohl zum ersten Mal bewusst durchlitten, als ich mit vierzehn Jahren ins kirchliche Internat gegangen war: Nach ein paar Wochen kam damals unerwartet von zu Hause ein Paket. Ich öffnete es und sah, dass mir meine Mutter meine Lieblingskekse gebacken hatte; alles war so sorgsam und wunderschön eingepackt, dass ich sofort Mutters große, tiefe Liebe zu mir spürte. In diesem Moment, der mir bis heute gegenwärtig ist, erkannte ich meine ganze Erbärmlichkeit. Überaus schmerzhaft stand mir blitzartig mein bisheriges liebloses Verhalten der Mutter gegenüber vor Augen ... Es war ein reinigendes, erlösendes Weinen, und seitdem ich mir damals die Tränen vom Gesicht gewischt habe, ist die Beziehung zu meiner Mutter zu einer aufrichtigen und dankbaren Sohnesliebe geworden. – Fegefeuer-Erfahrung. Sollte sie in der Begegnung mit Gott, dem großen Liebenden, anders sein?

Papst Benedikt meditiert das genannte Paulus-Wort, Bezug nehmend auf „einige neuere Theologen", auf die Begegnung mit Jesus Christus selbst hin, so also, dass „das verbrennende und zugleich rettende Feuer Christus ist"; er schreibt: „Das Begegnen mit ihm ist der entscheidende Akt des Gerichts. Vor seinem Anblick schmilzt alle Unwahrheit. Die Begegnung mit ihm ist es, die uns umbrennt und freibrennt zum Eigentlichen unserer selbst. Unsere Lebensbauten können sich dabei als leeres Stroh, als bloße Großtuerei erweisen und zusammenfallen. Aber in dem Schmerz dieser Begegnung, in der uns das Unreine und Kranke unseres Daseins offenbar wird, ist Rettung. Sein Blick, die Berührung seines Herzens heilt uns in einer gewiss schmerzlichen Verwandlung ‚wie durch Feuer hindurch'. Aber es ist ein seliger Schmerz, in dem die heilige Macht seiner Liebe uns brennend durchdringt, so dass wir endlich ganz wir selber und dadurch ganz Gottes werden." [76]

Schöner und berührender sagen es freilich die Dichter. Werner Kallen, ein Pfarrer im Bistum Aachen, hat in Verse gebracht, was uns alle, so glaube ich, im Moment des „Gerichts" als „Fegefeuer" erwartet:

Gerichtliches Nachspiel

Wenn Gott dereinst mich nach dem Leben fragt,
werde ich weinen.
Er wird sein Angesicht mir zuwenden.
Kein scheidendes Wort wird über mich herfallen.
Keine Rechnung.
Kein strafender Blick.
Kein Vorwurf.
Er wird mich ansehen in bergendem Schweigen.
Seine Liebe wird brennen.
Und alle meine Wunden werden verglühen.
Die erlittenen.
Die zugefügten.

„Ich bin es gewesen, Herr.
All das bin ‚ich' gewesen",
werde ich stottern mit zittriger Stimme,
beschämt und frei.
Ich werde abermals weinen.

Und Gott wird meine Tränen trocknen,
er wird sagen „Komm!"
und mich hineinbitten in sein Herz,
wo ich immer schon war
– und glaubte es nicht.[77]

Papst Benedikt fügt seinen Gedanken zum Fegefeuer erläuternd hinzu: „Es ist klar, dass wir die ‚Dauer' dieses Umbrennens nicht mit Zeitmaßen unserer Weltzeit messen können. Der verwandelnde ‚Augenblick' dieser Begegnung entzieht sich irdischen Zeitmaßen – ist Zeit des Herzens, Zeit des ‚Übergangs' in die Gemeinschaft mit Gott ..."[78] – Eine Klarstellung, die selbstverständlich für das ewige Leben überhaupt gilt. Nichts wäre fataler, als sich den Himmel „mit Zeitmaßen unserer Weltzeit" vorzustellen! Als „endlose Zeit" gedacht, wäre ewiges Leben abschreckend langweilig, und genauso abschreckend, würden wir es als „ständiges Jetzt/nunc stans" (Boethius) verstehen. Das Leben bei Gott ist Dynamik, nicht auszumalende Dynamik – „vollkommenes Abenteuer" (Hans Urs von Balthasar)[79]. Und wenn ich es mir schon „ausmale", dann am ehesten noch mit den stammelnden Worten meines Ordensvaters Johannes vom Kreuz: „Der Mensch wird am Leben Gottes selber teilnehmen, zugesellt der Heiligsten Dreifaltigkeit, mitwirkend deren Werke."[80]

Es wäre die Hölle für Gott!

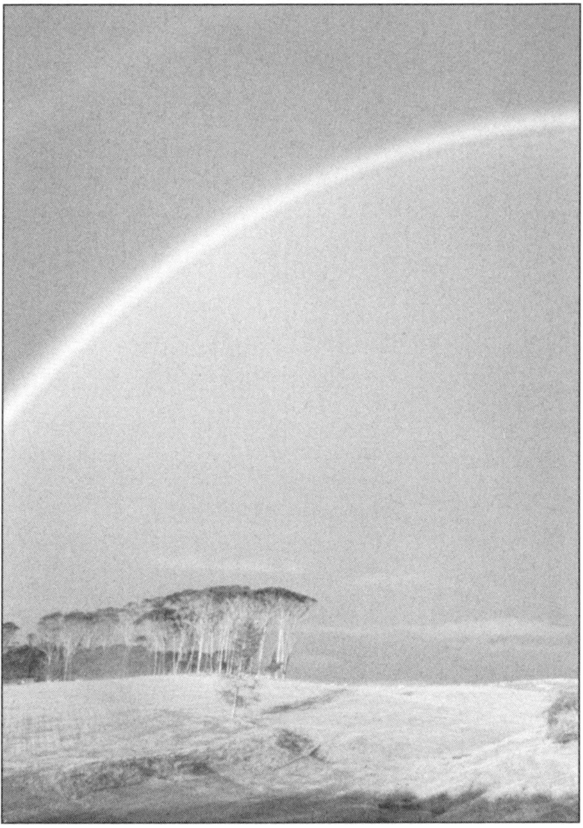

Keine Rechnung. Kein strafender Blick. Kein Vorwurf. Und keine Verdammnis!

Keine Rechnung. Kein strafender Blick. Kein Vorwurf. Und keine Verdammnis! Die Hölle, das ist der „Zustand der endgültigen Selbstausschließung aus der Gemeinschaft mit Gott und den Seligen", heißt es in einem zusammenfassenden Leitsatz im KATECHISMUS DER KATHOLISCHEN KIRCHE (von 1994).[81]

*Selbst*ausschließung, ja, das wäre zumindest nicht ganz undenkbar. Aber Verdammnis, also von Gott – dem Gott, der nur lieben kann! – zu ewiger Marterqual verurteilt werden, das ist nun völlig in die falsche Richtung gedacht. „Die Höllenvisionen der Tradition verraten uns viel über das menschliche Herz und das menschliche Unbewusste – sie sagen uns letztlich aber wenig über das Geheimnis des christlichen Gottes", schreibt der Schweizer Dominikaner-Theologe Johannes B. Brantschen mir aus dem Herzen[82], in diesem Punkt Friedrich Nietzsche (1844-1900) zustimmend, der drastisch formulierte: „Der Mensch ist das grausamste Tier. Bei Trauerspielen, Stierkämpfen und Kreuzigungen ist es ihm bisher am wohlsten geworden auf Erden; und als er sich die Hölle erfand, da war das sein Himmel auf Erden."[83]

Wann und wo immer das Neue Testament von der Hölle spricht: Diese Texte

„dürfen nach weitgehend übereinstimmender Meinung heutiger Theologie“, so der katholische Theologe Herbert Vorgrimler, der sich ein Leben lang mit der Höllenthematik beschäftigt hat, „nicht als Informationen, als ‚antizipierende Reportagen‘ verstanden werden, vielmehr wollen sie auf den Ernst der jeweiligen menschlichen Situationen ... aufmerksam machen. Sie warnen vor Leichtsinn und Oberflächlichkeit und stellen einen Ruf zur Besinnung dar.“[84] Und bezüglich der kirchlichen Lehrtexte schreibt er, diese „können als Aussage über das ewige ... Nein Gottes zur *Sünde* verstanden werden; ob und in welchem Umfang Sünd*er* davon betroffen werden, dazu äußert sich die Offenbarung Gottes nicht, und deshalb hat auch die kirchliche Lehrautorität keine Kompetenz, sich dazu zu äußern.“[85] Ganz folgerichtig heißt es im ERWACHSENEN-KATECHISMUS der katholischen Bischöfe Deutschlands (von 1985): „Weder in der Heiligen Schrift noch in der kirchlichen Glaubensüberlieferung wird von irgendeinem Menschen mit Bestimmtheit gesagt, er sei tatsächlich in der Hölle. Vielmehr wird die Hölle als reale Möglichkeit vor Augen gehalten, verbunden mit dem Angebot der Umkehr und des Lebens.“[86]

Ja, die Möglichkeit der Hölle ist real – in dem Sinne, dass es, wie Papst Benedikt schreibt, „Menschen geben (kann), die in sich den Willen zur Wahrheit und die Bereitschaft zur Liebe völlig zerstört haben. Menschen, in denen alles Lüge geworden ist; Menschen, die dem Hass gelebt und die Liebe in sich zertreten haben. Dies ist ein furchtbarer Gedanke, aber manche Gestalten gerade unserer Geschichte lassen in erschreckender Weise solche Profile erkennen. Nichts mehr wäre zu heilen an solchen Menschen, die Zerstörung des Guten unwiderruflich: Das ist es, was mit dem Wort Hölle bezeichnet wird."[87]

Aber einmal angenommen, es würde sich tatsächlich ein Mensch in der Begegnung mit Jesus und seinem Abba-Gott dem „hineinbitten in sein Herz" (Werner Kallen, s. S. 131) verschließen, weil er sich, wie Benedikt sagt, „den Willen zur Wahrheit und die Bereitschaft zur Liebe völlig zerstört" hat; und angenommen, dieser Mensch würde, statt sich im Feuer der Liebe geraderichten zu lassen, sich lieber selbst hinrichten: Ein solcher Selbstausschluss bedeutete dann für ihn nicht ewiges Gequältwerden – es bedeutete den Selbstausschluss vom Leben, die selbst vollzogene Trennung von dem göttlichen Urgrund, der ja die Quelle seiner Existenz ist, auf Erden wie im Himmel. Hölle, das wäre der *selbst*gewählte *Tod für immer*. Das meint Paulus, wenn er den Römern schreibt: „Der Sold der Sünde ist der Tod" (Röm 6,23). Ja, diese Möglichkeit ist durchaus real. Wohlgemerkt: die Möglichkeit! Doch ich traue Gott zu, dass er bis zum letzten Moment – und wann der endet, das entzieht sich unserem menschlichen (auch theologischen!) Urteil – alles, aber auch alles tun wird, um noch den Verbohrtesten, Bösesten und Hasserfülltesten zur *Liebe* und zum *Leben* zu bewegen.

An eine Hölle im herkömmlich verstandenen Sinne habe ich nie geglaubt. Auch bin ich – das sage ich mit Dankbarkeit – persönlich nie so abgrundtief verletzt worden, dass ich die Hölle, in welchem Sinne verstanden auch immer, je irgendeinem Menschen gewünscht hätte; um mein „Gerechtigkeitsgefühl" zu stillen, genügte es mir bisher, von manch einem zu denken: „*Dein* Fegefeuer möchte *ich nicht* haben!"

Und ganz und gar undenkbar ist mir schon immer der Gedanke gewesen, für das ewige Leben seien allein die Christen bestimmt. Wäre Gott nicht der Gott *aller* Menschen, ein Gott, der „will, dass alle Menschen gerettet werden und zur Erkenntnis der Wahrheit gelangen" (1 Tim 2,4) – ich würde auf ihn pfeifen! Seinen ganzen schönen Himmel könnte er sich schenken, würde dort auf sein Geheiß auch nur ein einziger Andersgläubiger, Kirchenferner, Atheist oder Religionsloser fehlen! Denn dann wäre der Himmel für mich nicht der Himmel. Und Gott wäre nicht Gott.

Gelegentlich werde ich in den Gesprächsrunden meiner Seminare herausfordernd gefragt: „Sie glauben also nicht an die Hölle?!" Ich antworte dann meist mit einer Gegenfrage, auf die wohl all die vielen Drohbotschaftler dieser Erde noch nie gekommen sind: „Haben Sie denn schon einmal daran gedacht, was es für Gott – für Gott! – bedeuten würde, wenn er auch nur einen einzigen Menschen, einen von seinen geliebten Söhnen und Töchtern, mit vernichtendem Zorn überschütten, ja dem endgültigen Tod preisgeben oder gar, wie Sie das wohl glauben, den nie endenden Qualen in einer ewigen Strafanstalt ausliefern müsste?"

Es wäre, dessen bin ich sicher, für Gott „die Hölle".

„... schauen von Angesicht zu Angesicht“

„Jetzt schauen wir in einen Spiegel und sehen nur rätselhafte Umrisse, dann aber schauen wir von Angesicht zu Angesicht“ (1 Kor 13,12).

In einem der Eucharistie-Gebete der katholischen Kirche wird für die Verstorbenen die Bitte an Gott ausgesprochen: „Nimm sie ... in dein Reich auf, wo sie dich schauen von Angesicht zu Angesicht" (Zweites Hochgebet). Sehr kurz und knapp wird hier zum Ausdruck gebracht, worin unsere Zukunft bei Gott, das ewige Leben im Himmel, besteht. *Zu* kurz allerdings! Und diese Verkürzung, ähnlich in anderen Gebets- und Verkündigungstexten, hat für viele Menschen den Blick auf die Zukunft freudlos und den Himmel langweilig gemacht.

Augustinus konnte noch, als er über die „himmlische Gottesstadt" nachdachte, formulieren: „Wir werden *frui Deo et invicem in Deo* – wir werden uns an Gott und aneinander freuen!"[88] Zwei Worte also fehlen in unserem Hochgebet: „... wo sie dich *und einander* schauen von Angesicht zu Angesicht". Seit langem schon bete ich es so in der Eucharistiefeier vor. Der Himmel ist eine „gemeinschaftliche Wirklichkeit" (Papst Benedikt)[89], und er wäre für mich nicht der Himmel, müsste ich auf ewig „glückselig sein" nur mit Gott allein!

Ich mache mir nicht Gedanken darüber, wie es denn überhaupt möglich sein soll, dass ich dann, wenn Gott mich aufgeweckt hat, ohne meine jetzigen Augen Gott „schauen“ und meine Mitbewohner der himmlischen Gottesstadt „(wieder)sehen“ kann; oder wie Gott und wir denn dann wohl „aussehen“ werden. Wenn ich mit den Worten der uralten jüdisch-christlichen Glaubenssprache sage, wir werden Gott und einander „schauen von Angesicht zu Angesicht“, so bin ich mir bewusst, dass dies, wie alle Worte, mit denen wir von Gott und vom Todes-Nachher sprechen, irdisch-menschliche Worte sind. Aber wir haben nun einmal keine anderen, die das für uns Unvorstellbare benennen könnten.

Es ist wiederum Paulus, der uns die Richtung andeutet, in die wir glauben können, wenn wir die – vollständigen! – Hochgebetsworte hören: „Jetzt schauen wir in einen Spiegel und sehen nur rätselhafte Umrisse, dann aber schauen wir von Angesicht zu Angesicht“ (1 Kor 13,12). Das „Angesicht“, das ist nicht die Partie von der Stirn bis zum Kinn; das ist in den biblischen Sprachen vielmehr die Person selbst in der ganzen Tiefe ihres Wesens. Und vom „erkennen“ und „erkannt werden“ spricht Paulus weiter; das ist der Ausdruck, mit dem die Bibel das Wort „lieben“ umschreibt: „Jetzt erkenne ich unvollkommen, dann aber werde ich durch und durch erkennen, so wie auch ich durch und durch erkannt worden bin" (ebd.).

Wie also auch immer sich das „Schauen von Angesicht zu Angesicht" vollziehen wird, eines glaube ich fest: Ich – und zwar wirklich ich – werde dann „schauen", wie wunderbar und herrlich und schön der Gott ist, auf den ich jetzt mein Leben baue. Unausdenkbar schön.

Aber auch darin bin ich mir sicher: Gott wird *mich* „anschauen", mir zugewandt mit einer Liebe, wie ich mir das im schönsten Traum nicht vorstellen könnte; selbst das helle Licht meiner „Damaskusstunde" wird blass erscheinen vor dem Licht dieser Begegnung.

Und dann, ja: Dann werde ich weinen. Weinen, wie ich noch nie geweint habe. Nicht deshalb, weil Gott mir vorhalten würde, lückenlos, was ich „Böses getan und Gutes unterlassen habe", sondern weil er es mir *nicht* vorhalten wird! Weil er mich einfach nur anschauen wird, einfach nur sagen wird: „Du, Reinhard ..." In diesem Blick, in dieser Anrede wird alles gefragt und gesagt sein. Von ihm. Und von mir. Alles.

Im gleichen Moment werde ich meine Lieben und meine Nicht-Lieben „durch und durch erkennen, so wie auch ich durch und durch erkannt worden bin“; sie aber werden *mich* „durch und durch erkennen“, so wie auch *sie* „durch und durch erkannt“ worden sind. Und wir werden abermals weinen, weinen, wie wir voreinander und miteinander noch nie geweint haben. Dann wird Gott selbst uns die Tränen vom Angesicht wischen, den Schleier aus unseren Augen, und wir werden erkennen, wie sehr er unsere Liebe zueinander liebt.

Und der Himmel wird beginnen …

Ewig leben – ab jetzt

Alles, was wir jetzt tun und wofür wir uns jetzt engagieren, ist für immer!

Er hat schon begonnen. Wenn der Tod nicht das Ende ist, dann leben wir ab *jetzt* schon ewig, und was wir als Ziel unserer Lebensfahrt vor Augen haben, prägt jetzt schon die „Stimmung an Bord". Deshalb spricht das Johannesevangelium gern in der Gegenwartsform, wenn vom ewigen Leben die Rede ist. „Wer mein Wort hört und dem glaubt, der mich gesandt hat", heißt es da zum Beispiel, „der hat (!) das ewige Leben" (5,24; s. auch: 3,36, 6,47 u. 6,54).

Alles, was wir jetzt tun und wofür wir uns jetzt engagieren, ist für immer! Nichts ist umsonst getan, was wir liebend tun; und was wir jetzt nicht-liebend tun, wird einmal geradegerichtet sein.

Auch unsere Liebe zueinander hat Zukunft für immer, ihre Ewigkeit hat schon begonnen. Jede Freundschaft, jede Liebe – alles, aber auch alles steht unter dem Stern der Ewigkeit.

Und die uns im Sterben vorausgegangen sind, bleiben uns nahe; sie sind uns nahe schon im Jetzt, so wie Gott uns nahe ist. „Statt *für* die Verstorbenen sollte man besser *zu* den Verstorbenen beten, im Vertrauen auf Gottes Gnade, die sich an unseren Toten sieghaft durchsetzt", gibt deshalb Gisbert

Greshake zu bedenken.[90] Der Freiburger Theologe, dessen zahlreichen Veröffentlichungen zu Fragen der Eschatologie[91] ich wertvolle Einsichten verdanke, ist überzeugt: „Das Gebet für bestimmte Verstorbene hat vor allem seinen Platz im Zusammenhang mit den Begräbnisriten und einer besonderen Erinnerungszeit (‚Trauerzeit'). Dagegen sollte das Gebet mit den Toten und zu den Toten, das heißt mit und zu Brüdern und Schwestern, die bei Gott leben und auf deren Gemeinschaft wir hoffen, viel mehr als üblich den christlichen Glaubensvollzug bestimmen. ... Ein bewusstes Leben mit den Toten wendet ... den Blick der Hoffnung auf diejenigen, die ihr Ziel schon erreicht haben und auf uns warten ..."[92]

Nein, ausmalen kann sich niemand, worauf wir zugehen. Aber *jetzt schon leben, was dann einmal sein wird*, das können wir: Einander *anschauen*, nicht von Gesicht zu Gesicht nur, sondern von Angesicht zu Angesicht. Einander *erkennen*, nicht abschätzig durchschauen. *Geraderichten*, was nur geradezurichten geht. *Wiederherrichten* und heilen, wo immer das Unheile quält. Einander *aufrichten* zum aufrechten Gang. Und *weinen* miteinander, in Schuld, im Schmerz und im Glück ...

In Vollkommenheit gelingt uns das nicht, ganz und gar nicht; „himmlisch“ sind wir noch nicht. Doch was uns in unserer Unvollkommenheit möglich ist, das bringt die Farben ins Leben, aus denen sich die Liebe – diese Urgewalt, die aufbegehrt gegen Vergänglichkeit und Tod – jetzt schon, ein wenig wenigstens, den *vollendeten* Himmel ausmalen darf.

Der Jesus von damals, der meinem Leben die „entscheidende Richtung“ gegeben hat und der – daran glaube ich – mir jetzt, während ich diese Zeilen schreibe, als Auferstandener über die Schulter schaut, sagt mir, indem er mich anschaut mit leuchtenden Augen:

„Reinhard, schau hin: Das Leben hat dich, genau dich gewollt! Und ‚das Leben‘ – das ist mehr als Biologie und Zufall und Naturgesetz. Die große Kraft, durch die alles da ist, was da ist – das ist ein Jemand! Einer mit Vernunft und Wille. Und Liebe, schier unglaublicher Liebe! Nenn ihn, wie ich, einfach *Abba* – lieber Vater –, oder denk dir den schönsten Namen für ihn aus, den du in deinem Herzen findest. Und trau dich zu denken: Ich bin sein geliebter Sohn, ihm unheimlich viel wert! Das trau dich auch dann noch, wenn du weder dir noch sonst jemandem noch gut sein kannst. Diesem Großen, den alle Gott nennen, dem bist du wichtig! Und dem sind alle wichtig, die dir wichtig sind. Über den Tod hinaus! Deine verstorbenen Freunde, die religiösen wie die religionslosen: Leb mit ihnen, sie sind dir verborgen nahe, so nahe, wie ich dir verborgen nahe bin; teile ihr Fegefeuerweinen und teile ihre Himmelsfreude, und beginne jetzt schon mit ihnen deinen Himmel! Trau diesem Gott und leb als der, der du bist! Intensiv, nicht ängstlich und mit angezogener Bremse. Ja, es ist wahr: Dann wirst du die Sehnsucht nicht mehr loswerden, dass die Welt einmal sein möge wie unser Gott … Und du wirst dir das Herz verbrennen. Denn Liebe – solche Liebe, wie der Gott des Lebens sie in dich gelegt hat – leidet an der Endlichkeit und will Ewigkeit. Dann trau deinem Gott, dass er im biologischen Tod, in deinem Tod und im Tod derer, die du liebst, nicht enden lassen wird, was er so verheißungsvoll mit euch begonnen hat …"

Er, Jesus, hat seinem Gott getraut. Ich versuche es. Es gelingt mir mal mehr und mal weniger. Aber eine bessere „Lehre" vom Leben und vom Sterben als seine habe ich nirgends gefunden. Sie macht etwas mit mir, jetzt schon, und das ist mir – als Erfahrung! – auch Gottesbeweis genug.

Inhalt

Zur Vertiefung empfehle ich besonders folgende Literatur:

Benedikt XVI., Enzyklika: ÜBER DIE CHRISTLICHE HOFFNUNG (SPE SALVI), Leipzig 2008

Johannes B. *Brantschen*, Hoffnung für Zeit und Ewigkeit. Der Traum von wachen Christenmenschen, Freiburg-Basel-Wien 1992

Gisbert Greshake, Leben – stärker als der Tod. Von der christlichen Hoffnung, Freiburg-Basel-Wien 2008

Hans Kessler (Hg.), Auferstehung der Toten. Ein Hoffnungsentwurf im Blick heutiger Wissenschaften, Darmstadt 2004

Anmerkungen

1 *Mascha Kaléko*, Verse für Zeitgenossen, Reinbek 1980, 9 (Memento).

2 *Reiner Kunze*, eines jeden einziges leben. gedichte, Frankfurt a. M. ³1994, 64.

3 *Carl Gustav Jung*, Die Dynamik des Unbewussten, Gesammelte Werke Bd. 8, Olten 1995, 466.

4 Siehe dazu zum Beispiel: *Michael Schröter-Kunhardt*, Nah-Todeserfahrungen. Letzte und existentielle Erfahrungen an der Grenze des Todes, in: *Hans Kessler* (Hg.), Auferstehung der Toten. Ein Hoffnungsentwurf im Blick heutiger Wissenschaften, Darmstadt 2004, 182-209.

5 *Richard Dawkins*, Das egoistische Gen (The Selfish Gene), Berlin 1978; Neuausgabe: Heidelberg 2006.

6 *Joachim Bauer*, Prinzip Menschlichkeit. Warum wir von Natur aus kooperieren, Hamburg 2006, 35.

7 Ebd. 37.

8 Ebd. 130.

9 *Gerald Hüther*, Die Evolution der Liebe. Was Darwin bereits ahnte und die Darwinisten nicht wahrhaben wollen, Göttingen 2004 (s. Untertitel).

10 Ebd. 97 (Hervorhebung ebd.).

11 In: *Michael Scheuermann*, „Mir ist Gotteserfahrung nicht zuteil geworden". Ein Gespräch mit Reiner Kunze, in: Herderkorrespondenz 9/1987, 428.

12 *Christoph von der Malsburg*, Der Geist – zu Tode reduziert?, in: *Adrian Holderegger u. a.* (Hg.), Hirnforschung und Menschenbild. Beiträge zur interdisziplinären Verständigung, Basel 2007 (143-151) 150; dazu z. B. auch: *Peter Strasser*, Gibt es ein Leben nach dem Tod? Gehirne, Computer und das wahre Selbst, München 2004.

13 Zur gegenwärtigen theologischen Diskussion um die Unsterblichkeit der Seele s.: *Edmund Runggaldier*, Unsterblichkeit der Seele, in: Theologie der Gegenwart 4/2007, 252-262; *Wolfgang Beinert*, „Unsterblichkeit der Seele" versus „Auferweckung der Toten"?, in: *Hans Kessler* (Hg.), aaO. (s. Anm. 4) 94-112.

14 Siehe dazu: *Franz-Josef Nocke*, Der Glaube an die Auferstehung und die Idee der Reinkarnation, in: *Hans Kessler* (Hg.), aaO. (s. Anm. 4) 279-295.

15 *Reiner Kunze*, eines jeden einziges leben. gedichte, Frankfurt a. M. [3]1994, 9 (ENTWURF UNSERES HAUSES).

16 *Benedikt* XVI., Enzyklika GOTT IST DIE LIEBE (DEUS CARITAS EST), 1.

17 *Richard Dawkins*, Der Gotteswahn (The God Delusion), Berlin 2007. – Siehe dazu die lesenswerte Entgegnung: *Alister McGrath*, Der Atheismuswahn. Eine Antwort auf Richard Dawkins und den atheistischen Fundamentalismus, München 2007.

18 *Joseph Ratzinger*, Einführung in das Christentum. Vorlesungen über das Apostolische Glaubensbekenntnis, München 1968, 22-24; Neuausgabe: München 2000, 39f.

19 In: *Christian Modehn*, Eingetaucht in die Leere des Kosmos, PUBLIK-FORUM 21/2007 (37-38) 37 (Hervorhebung R. K.). – In Deutschland ist von *André Comte-Sponville* erschienen: Ermutigung zum unzeitgemäßen Leben. Ein kleines Brevier der Tugenden und Werte, Reinbek 1996.

20 *Rosa Luxemburg*, Briefe aus dem Gefängnis, Berlin 1972; Neuausgabe (16., erw. Aufl.): Berlin 2000.

21 *Anne Philipe*, Nur einen Seufzer lang, Reinbek 1964 u. ö. (Berlin, Verlag Volk und Welt 1971).

22 *Eva Strittmatter*, Mondschnee liegt auf den Wiesen, Berlin u. Weimar 1975, 116 (GOTT).

23 AaO. (s. Anm. 19) 38.

24 *Bruder Roger von Taizé*, Gott kann nur lieben. Aufforderung an die Jugendlichen, Frieden zu stiften durch innere Versöhnung (Rundbrief an die Jugend 2003); s. auch: *Frère Roger Schutz*, Gott kann nur lieben. Erfahrungen und Begegnungen, Freiburg-Basel-Wien 2002.

25 *Karl Rahner*, Grundkurs des Glaubens. Einführung in den Begriff des Christentums, Freiburg i. Br. 1976, 277.

26 *Karl Rahner*, Gebete des Lebens, Freiburg-Basel-Wien 1984/2004, 53.

27 *Benedikt* XVI., Enzyklika GOTT IST DIE LIEBE (DEUS CARITAS EST), 1 u. 7.

28 *Matthias Kröger*, Im religiösen Umbruch der Welt: Der fällige Ruck in den Köpfen der Kirche, Stuttgart 2004, 9.

29 Ebd. 73.

30 *Edward Schillebeeckx*, Ich höre nicht auf, an den lebendigen Gott zu glauben. Gespräche mit Francesco Strazzari, Würz-

burg 2006, 56f. – Ausführlich zum Personsein Gottes s.: *Klaus Berger*, Ist Gott Person? Ein Weg zum Verstehen des christlichen Gottesbildes, Gütersloh 2004.

31 *Martin Buber*, Ich und Du, Köln 1966, 22.

32 *Benedikt* XVI., Enzyklika ÜBER DIE CHRISTLICHE HOFFNUNG (SPE SALVI), 5.

33 *Norbert Baumert*, Sorgen des Seelsorgers. Übersetzung und Auslegung des ersten Korintherbriefes, Würzburg 2007, 276.

34 *Marie Luise Kaschnitz*, Seid nicht so sicher, Gütersloh 1979, 73f.

35 Hier zitiert nach dem GOTTESLOB-Anhang für das Bistum Limburg, Nr. 837.

36 Siehe dazu die Beiträge im JAHRBUCH FÜR BIBLISCHE THEOLOGIE 19: Leben trotz Tod, Neukirchen 2005; und: *Peter Eicher*, Art.: Auferstehung, in: *ders.* (*Hg.*), Neues Handbuch theologischer Grundbegriffe. Neuausgabe 2005, Bd. 1, München 2005, 117-138.

37 Siehe vor allem ihr letztes Werk: *Dorothee Sölle*, Mystik des Todes. Ein Fragment, Stuttgart 2003, 143.

38 Ebd. 143

39 *Aurelius Augustinus*, De civitate Dei, XXII 6,2: „Igitur simpla eius mors profuit duple nostre, et simpla eius resurrectio profuit duple resurrectioni nostre. Due sunt mortes nostre et due resurrectiones nostre; una est mors Domini et una resurrectio eius."

40 Siehe dazu: *Hans Strauss*, Tod und Auferstehung im Alten Testament, in: *Hans Kessler* (*Hg.*), aaO. (s. Anm. 4) 35-48.

41 *Mascha Kaléko*, Verse für Zeitgenossen, Reinbek 1980, 9.

42 AaO. (s. Anm. 36), 13.

43 *Gabriel Marcel*, Der Tote von morgen. Schauspiel aus dem Jahr 1919, St. Ottilien 2001, 94.

44 Zu Gabriel Marcels philosophischer u. theologischer Argumentation für die Berechtigung dieses Denkens s.: *Bernard N. Schumacher*, Die philosophische Interpretation der Unsterblichkeit des Menschen, in: *Hans Kessler* (*Hg.*), aaO. (s. Anm. 4) 113-136; *Hans Kessler*, Jenseits von Fundamentalismus und Rationalismus. Versuch über Auferstehung Jesu und Auferstehung der Toten, in: ebd. 298-321.

45 *Sigmund Freud*, Das Unbehagen in der Kultur, in: Sigmund Freud: Studienausgabe, Bd. IX, Frankfurt/M. 1974, 214.

46 *Johannes B. Brantschen*, Hoffnung für Zeit und Ewigkeit. Der Traum von wachen Christenmenschen, Freiburg-Basel-Wien 1992, 75.

47 *Karlheinz Müller*, Das Weltbild der jüdischen Apokalyptik und die Rede von Jesu Auferstehung, in: BIBEL UND KIRCHE 1/1997 (8-18) 8.

48 *Gerd Lüdemann*, Die Auferstehung Jesu. Historie – Erfahrungen – Theologie, Stuttgart 1994, 198.

49 Der SPIEGEL titelte in der Oster-Ausgabe 1994 (Heft 13): „Das leere Grab war voll!".

50 *Walter Simonis*, Auferstehung und ewiges Leben? Die wirkliche Entstehung des Osterglaubens, Düsseldorf 2002, 61.

51 AaO. (s. Anm. 47) 10. – Siehe zu den Grabes- und Erscheinungserzählungen zusammenfassend auch: *Hans Kessler*, Jenseits von Fundamentalismus und Rationalismus. Versuch über Auferstehung Jesu und Auferstehung der Toten, aaO. (s. Anm. 44).

52 Der Autor verweist an dieser Stelle auf 1 Thess 1,10; Gal 1,1; 1 Kor 6,14; 1 Kor 15,15; 2 Kor 4,14; Röm 4,24; Röm 8, 1; Röm 10,7.9; Kol 2,12-13; Eph 2,5; Hebr 11, 9; Hebr 13,20; Apg 2,24.32; Apg 13,33-34; Apg 17, 31.

53 AaO. (s. Anm. 47) 10.

54 *Hans Kessler*, Jenseits von Fundamentalismus und Rationalismus. Versuch über Auferstehung Jesu und Auferstehung der Toten, aaO. (s. Anm. 44) 303.

55 ÜBER DIE CHRISTLICHE HOFFNUNG, 3.

56 *Anne Philipe*, Nur einen Seufzer lang, Reinbek [21]2001, 8.

57 Zitiert nach der Neuausgabe der 6. Aufl. (1990): *Joseph Ratzinger*, Eschatologie – Tod und ewiges Leben, Regensburg 2007, 137.

58 Ebd. 124.

59 Siehe ebd., § 5 (90-132).

60 So nach *Hans Kessler*, Wie Auferstehung denken?, in: CHRIST IN DER GEGENWART 16/2006 (125-126) 126.

61 ÜBER DIE CHRISTLICHE HOFFNUNG, 22.

62 Es sind die letzten Worte der Karmelitin auf ihrem Sterbebett, s.: *Elisabeth von Dijon*, Licht, das mich führt. Geistliche Botschaft, Freiburg i. Br. 1986, 135.

63 *Dietrich Bonhoeffer*, Akt und Sein, München 1956, 94 (Erstausgabe 1931).

64 Aus der Vielzahl der Publikationen möchte ich besonders das sowohl naturwissenschaftlich wie theologisch informative Buch empfehlen: *Paul Scheipers*, Naturwissenschaft und die Frage nach Gott. Neue Erkenntnisse über einen alten Konflikt, Stuttgart 2005.

65 Laut www.vaticanradio.org/tedesco, Tagesmeldungen vom 4. 3. 2008.

66 Siehe dazu: *Reinhard Körner*, Mystik – Quell der Vernunft. Die ratio auf dem Weg der Vereinigung mit Gott bei Johannes vom Kreuz (ERFURTER THEOLOGISCHE STUDIEN 60), Leipzig 1990.

67 *Eugen Biser*, Die Entdeckung des Christentums. Der alte Glaube und das neue Jahrtausend, Freiburg-Basel-Wien 2000, 260 (Hervorhebung: R. K.).

68 Siehe dazu: *Albert Gerhards*, Eschatologische Vorstellungen und Modelle in der Totenliturgie, in: *ders.* (*Hg.*), Die größere Hoffnung der Christen. Eschatologische Vorstellungen im Wandel (QUAESTIONES DISPUTATAE 127), Freiburg-Basel-Wien 1990, 147-158.

69 Mündlich überliefert, s.: *Ulrich Dobhan/Reinhard Körner*, Johannes vom Kreuz. Die Biographie, Freiburg-Basel-Wien 1992, 194.

70 ÜBER DIE CHRISTLICHE HOFFNUNG, 41.

71 Ebd. 44.

72 Ebd.

73 *Dietrich Bonhoeffer*, Nachfolge. Werke Bd. 4, hg. v. *Martin Kuske u. Ilse Tödt*, 3., durchges. u. aktual. Aufl., München 2002, 29.

74 *Romano Guardini*, Theologische Briefe an einen Freund. Einsichten an der Grenze des Lebens, hg. aus dem Nachlass, München 1976, 29/31.

75 In: *Kurt Marti*, Lachen, Weinen, Lieben. Ermutigungen zum Leben, Stuttgart [3]1989.

76 ÜBER DIE CHRISTLICHE HOFFNUNG, 47.

77 Aus: *Werner Kallen*, Scheu hütet mich Feuer. Gedichte und Kürzel, Aachen 2006 (unveröffentl., alle Rechte beim Autor).

78 ÜBER DIE CHRISTLICHE HOFFNUNG, 47.

79 *Hans Urs von Balthasar*, Herrlichkeit. Eine Theologische Ästhetik, Bd. II, Einsiedeln 1962, 465-531 (Juan de la Cruz), 465.

80 *Johannes vom Kreuz*, Der Geistliche Gesang (A) 38,4.

81 Katechismus der Katholischen Kirche („Weltkatechismus"), München 1993, 295, Nr. 1033.

82 *Johannes B. Brantschen*, aaO. (s. Anm. 46) 128.

83 Zitat ebd., aus: *Friedrich Nietzsche*, Also sprach Zarathustra, Werke Bd. II, hg. v. *Karl Schlechta*, 464.

84 *Herbert Vorgrimler*, Neues Theologisches Wörterbuch, Freiburg-Basel-Wien 2000, Art.: Hölle (295-297) 298f.

85 Ebd. 299.

86 Katholischer Erwachsenen-Katechismus. Das Glaubensbe-

kenntnis der Kirche, hg. v. d. *Deutschen Bischofskonferenz*, Bonn 1985, 423.

87 ÜBER DIE CHRISTLICHE HOFFNUNG, 45.

88 *Aurelius Augustinus*, De civitate Dei, XIX 13,17, PL 41, Sp. 640, 646.

89 ÜBER DIE CHRISTLICHE HOFFNUNG, 14.

90 *Gisbert Greshake*, Leben – stärker als der Tod. Von der christlichen Hoffnung, Freiburg-Basel-Wien 2008, 199f.

91 Eine Liste der wichtigsten Publikationen von *Gisbert Greshake* zur Eschatologie s. ebd. 237f.

92 Ebd. 200.